LES
GUI
DES
MAGNARD

J. FIJALKOW

Entrer dans l'écrit

MAGNARD

Achevé d'imprimer en Novembre 1996
sur les presses de l'imprimerie Campin
à Tournai - Belgique
Dépôt légal : Novembre 1996
N° d'édition : 96/381

Pourquoi ce livre ?

Il n'est pas courant de voir un chercheur en psycholinguistique s'engager dans la pratique éducative car il existe deux logiques : celle de la connaissance et celle de l'action. La recherche appartient à la logique de la connaissance, tandis que la pratique relève de celle de l'action. Un chercheur n'a donc pas à s'engager dans une logique qui n'est pas la sienne. C'est du moins ce que pensent la plupart des chercheurs en sciences humaines et sociales. Il est moins sûr que les praticiens partagent ce principe.

Dans un numéro récent d'un hebdomadaire, Pierre Bourdieu, un des sociologues français les plus éminents, faisait état de ses hésitations à parler de ses travaux à la télévision. À propos de la publication de son dernier livre relatif à la misère en France (Bourdieu, 1993), il expliquait qu'il avait pourtant accepté de participer à une émission télévisée aux côtés de l'abbé Pierre, mais qu'il s'attendait à ce commentaire de ses collègues : *Bourdieu fait la pute.* S'engager dans l'action quand on est chercheur, et ce d'autant plus que cette action peut apporter des bénéfices financiers, consiste à franchir illicitement une frontière et à le faire publiquement. Il y faut de solides raisons. C'est notre cas. Nous en indiquerons quelques unes, en guise d'introduction à cet ouvrage.

En tant que chercheur en sciences humaines et sociales, nous avons à nous demander quelle est notre fonction dans la cité. Les sciences humaines ont un double défi à relever. Elles doivent pouvoir faire la preuve de leur capacité à construire du savoir, mais elles doivent aussi manifester leur capacité à être socialement utiles. Sans doute ces exigences ne sont-elles pas contradictoires sur le fond mais, en leur état actuel de développement, les sciences humaines et sociales peuvent difficilement satisfaire simultanément l'une et l'autre de ces exigences. Les chercheurs sont plus sensibles à ce jour à la pression des institutions qui les accueillent qu'à une demande sociale encore très timide. La construction du savoir, et du savoir élaboré aussi scientifiquement que possible, l'emporte donc généralement sur toute autre considération.

Il n'est toutefois pas impossible d'adopter une attitude différente. Celle-ci consiste à considérer que, dans les sciences humaines et sociales, la construction du savoir a d'autant plus de sens qu'elle est finalisée par les exigences de l'action et non pas, comme le pensent la plupart des chercheurs, en prenant un maximum de distance vis-à-vis de l'action. C'est un choix épistémologique. C'est celui que nous faisons. Ce choix nous paraît préférable de manière générale, mais tout particulièrement dans le domaine de la lecture-écriture. Ainsi nous semble-t-il possible de sortir du dilemme que formulait Pierre Gréco pour la psychologie : *C'est le malheur du psychologue : il n'est jamais sûr qu'il "fait de la science. S'il en fait, il n'est jamais sûr que ce soit de la psychologie*." (Gréco,1967).

Cette façon de concevoir la fonction des sciences sociales dans la cité, se prolonge dans une certaine conception de la façon de faire, c'est-à-dire dans des choix de méthode. Les chercheurs pour qui la construction du savoir implique le maximum de distance par rapport à l'action sont ceux qui privilégient par ailleurs les exigences méthodologiques les plus fortes et, dans le domaine de la lecture-écriture, ne conçoivent la recherche que sur le mode expérimental. Les sciences pures, ou du moins la représentation que l'on en a, constituent donc le modèle méthodologique absolu. L'éloignement volontaire du terrain, complété de telles exigences méthodologiques, conduisent alors à une pure recherche de laboratoire. Le chercheur, doublement isolé par la façon dont il pose les problèmes et par la méthode qu'il met en œuvre, adopte de fait une attitude d'observateur par rapport à son objet. Il se pose comme analyste du réel, semblable en cela au chercheur de la physique ou de la biologie classiques auquel il s'identifie.

À cette recherche désincarnée s'oppose une autre conception de la recherche selon laquelle connaître un objet c'est faire effort pour le transformer plutôt que de s'en tenir à distance. Ceci exige d'accepter de se confronter aux objets tels qu'ils se présentent dans le réel et non pas aux seuls objets qui se prêtent aisément à une expérimentation en laboratoire. Cette confrontation exige l'effort de quitter bureau, bibliothèque ou laboratoire, où l'on est chez soi et s'y rendre sur un terrain dont on n'est pas le maître pour se livrer à un travail difficile qui est, de plus, scientifiquement peu rentable à court terme. Peu de chercheurs y sont prêts. C'est pourtant, nous semble-t-il, le prix à payer pour sortir du positivisme des laboratoires de sciences humaines et sociales. Dans cette perspective, le travail de laboratoire se situe dans un second temps, sur des objets dont l'intérêt est apparu à l'issue d'une confrontation préalable avec les problèmes rencontrés et en rapport aux idées dominantes.

Les possibilités de transformation ne sont sans doute pas égales suivant les objets d'étude mais, dans le cas de la lecture-écriture, elles sont particulièrement évidentes. Il en est ainsi, par exemple, du chercheur sachant faire place à la recherche-action dans son arsenal méthodologique. Le chercheur qui se borne au laboratoire court le risque de prendre pour réalité intangible nombre des comportements qu'il analyse, alors que le chercheur utilisant également la recherche-action dispose de la possibilité d'agir sur des variables pédagogiques. Il est alors à même de poser des hypothèses plus heuristiques que celles du chercheur confiné à la seule contemplation des faits, et d'éviter le psychologisme qui guette quand on ignore le contexte dans lequel les comportements ont été produits.

Dans le domaine de la lecture-écriture, comme dans bien d'autres domaines des sciences humaines et sociales, le chercheur se cantonne le plus souvent à une attitude d'observation et laisse à d'autres le soin de la création. Ainsi naît la frustration des chercheurs : frustration de voir leurs travaux ne pas être pris en considération en dépit des "implications pédagogiques" qui apparaissent rituellement dans les conclusions de leurs articles. Cette frustration vire à la fureur quand le chercheur se rend compte que non seulement les innovateurs ne tiennent pas compte de ses recommandations mais que, de plus, ils tiennent des propos qui manifestent à l'évidence une parfaite ignorance des connaissances établies par ses travaux.

Les agressions qui résultent de ces frustrations et les réactions qui s'ensuivent sont à ce point omniprésentes dans le champ de la lecture-écriture qu'elles finissent par lui conférer une identité, mais elles ne font avancer d'un pas ni la science ni l'action. Pour les éviter, il nous paraît indispensable que le chercheur sorte de sa tour d'ivoire ou descende de son Aventin et participe au travail d'innovation pédagogique. L'innovation dans le domaine des sciences humaines n'est pas le fruit de l'application docile par le praticien d'idées qu'il recueillerait au guichet du laboratoire de lecture-écriture, mais le fruit d'un travail effectué ensemble par le chercheur et le praticien.

À ces raisons épistémologiques s'ajoutent des raisons d'ordre psycholinguistique. Chercheur en psycholinguistique intéressé tout particulièrement par l'acquisition du langage dans toutes ses formes, il nous a toujours paru étonnant que l'entrée des enfants dans l'écrit, ce que l'on appelle couramment mais confusément "L'apprentissage de la lecture", fasse problème à tant d'enfants. La plupart des enfants apprennent à parler sans que cet apprentissage, pourtant extrêmement complexe, cause des difficultés particulières à la plupart d'entre eux. De la même façon, l'acquisition d'une langue seconde n'est généralement pas considérée comme provoquant de grandes difficultés considérables et de graves échecs. Pourquoi, sans examiner pour l'heure ce que chacun de ces cas a de spécifique, en irait-il différemment de la langue écrite ? Poser ainsi la question c'est déjà dire que la situation actuelle est inadmissible sur le plan psycholinguistique et se proposer dès lors de trouver les raisons de cet état de fait afin d'y remédier.

Si la situation actuelle peut paraître inadmissible au psycholinguiste, aux yeux du citoyen elle ne saurait être mieux qualifiée que de révoltante. Comment admettre en effet, que le premier contact de l'enfant avec l'école, en France aujourd'hui, se solde si souvent par un constat d'échec ? Que dans une société développée, où le niveau de la vie culturelle est exceptionnellement haut et où l'école est obligatoire depuis un siècle, on ne parvienne pas encore à faire acquérir le viatique minimum pour la vie adulte que constitue l'entrée dans l'écrit a quelque chose d'inacceptable. C'est un tel sentiment qu'éprouvent les multiples associations qui se préoccupent d'alphabétisation des adultes. C'est ce que doivent continuer à ressentir tous ceux qui sont attachés à l'école de la République et particulièrement ceux qui sont professionnellement concernés par les jeunes enfants. Et c'est notre quatrième raison d'accepter de franchir la frontière derrière laquelle un chercheur se tient conventionnellement.

Nous nous efforcerons donc de dire dans cet ouvrage les principes qui guident les interventions que nous effectuons depuis vingt-cinq ans déjà aux côtés des maîtres dans différents contextes éducatifs. Nos propos n'ont donc pas de prétention exclusivement scientifique car s'il est certain que l'action a tout à gagner à se nourrir de la connaissance, il est non moins certain qu'elle déborde néanmoins celle-ci à tout instant. Si les maîtres ne devaient construire leurs pratiques qu'en se basant sur les connaissances qu'ont les chercheurs de la lecture-écriture, l'analphabétisme règnerait sur le monde. Les maîtres disposent d'un savoir pratique bien plus important que notre connaissance théorique, mais les limites de ce savoir pratique sont néanmoins réelles : les difficultés d'apprentissage des enfants en indiquent les bornes.

Si notre propos ne se veut donc pas rigoureusement scientifique danc cet ouvrage, c'est parce que nous avons pris pour parti de nous exprimer ici en acteur de l'éducation s'adressant à d'autres acteurs de l'action et non pas en tant que chercheur ne s'autorisant à affirmer avec conviction que ce pour quoi il dispose de preuves suffisantes. Nous ne limiterons donc pas notre propos comme il est de règle quand on est chercheur à ce que la recherche autorise, mais construirons celui-ci sur ce qu'une pratique déjà longue, et pourtant bien insuffisante encore, nous amène à penser au sujet de l'entrée dans l'écrit des jeunes enfants.

Certaines des idées exposées ici découlent des recherches dont nous avons connaissance ou qui ont été menées dans notre équipe. Elles reposent donc sur des bases scientifiques. D'autres expriment nos préférences dans des débats au sein desquels la recherche n'a pas encore tranché. D'autres enfin ont été élaborées au long des heures innombrables passées dans des classes ou avec des enseignants et n'ont donc pas le même statut scientifique. Il ne s'agit donc pas pour nous de passer du discours explicatif propre au chercheur au discours prescriptif qui caractérise celui du formateur, mais de présenter un discours aussi explicite que possible, susceptible d'alimenter la réflexion et de contribuer à l'action.

Pour quels enfants ?

Si travailler en lecture-écriture a valeur pour nous d'engagement, il importe d'emblée de préciser pour qui se fait cet engagement.

Il ne fait pas de doute que, dans une classe quelle qu'elle soit, les enfants ne sont pas égaux entre eux au moment où ils abordent l'apprentissage de la lecture-écriture à l'école. Certains sont plus avancés que d'autres. La question, qui se pose alors au pédagogue, est de savoir comment gérer ces différences.

Certains enseignants, faisant état des exigences du "programme", de la nécessité de ne pas se dissocier du collègue de la classe voisine, des attentes du collègue de la classe d'après, ou encore des pressions des parents, voire des recommandations de l'inspecteur, prennent leur classe en main comme on prend l'autoroute. Ils suivent "la méthode" sans états d'âme car "de plus savants" qu'eux ont soigneusement balisé le chemin à parcourir. Ils n'ont qu'à appliquer. Il leur suffit donc de veiller à ce que la planification prévue se déroule comme prévu, de préférence à un rythme soutenu. Ce sont ces enseignants qui afficheront avec fierté dans la salle des maîtres : "J'en ai tant qui lisent". Admiration générale. Silence respectueux des collègues. À ce régime-là, il y a quelques années, l'objectif a été tour à tour de savoir lire à Noël, puis à Pâques (puis à la Trinité ?). Les résultats, quand on a pris la peine de s'y intéresser, se sont révélés catastrophiques : c'est le moment, dans les années soixante, où les taux de redoublement du CP frisaient le quart des effectifs.

Cette façon de procéder, qu'on espère de plus en plus minoritaire, fait de l'enseignant, un O.S. de la pédagogie, et des enfants, les récepteurs passifs de connaissances sans signification. La soumission à "la méthode" déshumanise en effet la vie scolaire et c'est peut être là qu'est son défaut majeur. L'apprentissage de la lecture ne saurait être une entreprise de déshumanisation mais, au contraire, une entreprise qui permette une plus grande humanisation. C'est, pour nous, une première priorité.

Dans le cas de la pédagogie considérée, en voie de disparition dans les pays développés mais toujours vivante dans les pays en voie de développement, l'enseignant procédant de la sorte considère adopter une pédagogie objective, neutre, sinon laïque. Il pense, en toute bonne foi, ne favoriser ou ne défavoriser personne puisqu'il se comporte également avec chacun. En fait, en procédant de manière parfaitement égalitaire, il favorise les uns par rapport aux autres : s'il apporte également à chacun, il maintient les inégalités de départ et favorise dès lors les plus favorisés. Les enfants qui tirent le plus bénéfice de sa démarche sont ceux qui, dès le départ, étaient en avance par rapport aux autres. Une pédagogie égalitaire dans un monde d'inégalités ne peut qu'avoir des effets inégalitaires. Le "Je fais pareil avec tous les enfants." a pour principal avantage de donner bonne conscience à celui qui le professe. Ce n'est pas suffisant.

D'autres enseignants adoptent un point de vue plus radical. Pour eux, les inégalités sont un fait d'évidence, mais qui se situe hors de leur champ d'action. Alors que les premiers pensaient y faire face en adoptant une attitude aussi neutre que possible, ceux-ci les considèrent comme des faits incontournables auxquels il est inutile de s'opposer. Une classe est, à leurs yeux, un ensemble d'enfants plus ou moins "doués". Ceux qui le sont apprendront à lire sans problèmes. Ceux qui ne le sont pas, ou le sont moins, n'apprendront pas à lire, ou apprendront beaucoup plus tard, mais ce n'est pas l'affaire de l'enseignant. Un enfant est doué ou ne l'est pas, comme il a ou n'a pas les yeux bleus. Le maître a pour fonction d'appliquer le programme, c'est-à-dire de suivre pas à pas le livre de lecture, sans se poser de questions. Les différences entre enfants ne sont pas une affaire de pédagogie mais de psychologie ou, peut être, de sociologie, "une question de milieu". Les inégalités ne sont plus niées comme dans une pédagogie qui se veut uniforme mais tout simplement acceptées comme un état de nature. On n'a pas plus à s'y opposer qu'à s'opposer aux rigueurs de l'hiver.

A ce fatalisme foncier correspondent moins des pratiques différentes à l'égard de l'écrit que des attitudes différentes à l'égard des enfants. Une organisation de classe qui isole les uns des autres, des sollicitations en nombre inégal pour les uns et pour les autres, un sourire ou un bonjour dont la fréquence varie pareillement, sans même que l'on en soit conscient, peuvent plus sûrement que l'examen du cahier journal, indiquer les marques subtiles de la pédagogie la plus inégalitaire qui soit, la pédagogie élitiste.

En pratique, la question est de savoir pour qui le maître travaille : pour "les bons ? ", pour "les moyens ? ", pour "les mauvais ? ". La question existe depuis que les enfants sont regroupés en classes, toute classe étant, inévitablement, un ensemble de différences. Dans les deux premiers cas considérés, à leur corps défendant ou en toute lucidité, la pédagogie se fait en faveur des enfants les plus avancés. Peut-il en être autrement ?

Bien des enseignants, gênés par une telle question, répondraient sans doute bien volontiers que la solution consiste à travailler avec "les moyens" ; parce qu'ils sont plus nombreux et parce que, dans ce cas, “les forts” ne perdent pas trop de temps et que, la barre n’étant pas placée trop haut, “les faibles” peuvent quand même se sortir d’affaire. Cette position “de juste milieu” connaît-elle une traduction concrète ? Pas à notre connaissance. Mieux vaut donc raisonner en s’appuyant sur les extrêmes.

Le souci de sortir d’un système, qui produit les effets fâcheux que nous avons évoqués, est un événement récent mais bien réel de la pédagogie française. Quand, rompant délibérément avec l’hypocrite égalité de surface, on tente de mettre en place un travail par groupes dans la classe, une telle préoccupation n’est pas absente. Elle est encore plus claire quand, affirmant le souci d’”apporter plus à ceux qui ont moins” on met en place un dispositif tel que les ZEP. Il y aurait beaucoup à dire sur la conception mécaniste sous-jacente à cette affirmation généreuse et aux effets de ghetto auxquels elle conduit, mais tel n’est pas notre propos de l’heure. Ce qui nous importe ici est de saluer les efforts entrepris pour trouver des réponses à l’échec des plus faibles, en instituant de nouveaux dispositifs pédagogiques. La réussite ou l’échec de ces dispositifs importent moins dans l’immédiat que la légitimation qu’elles confèrent au souci de construire des pratiques pédagogiques à l’intention de ceux que les pratiques courantes condamnent à l’échec.

On ne saurait toutefois passer d’un extrême à l’autre, comme d’aucuns pourraient le craindre, en construisant une pédagogie qui ne serait destinée qu’à ceux dont le risque d’échec est la plus grand. À notre objectif souvent répété de travailler afin de réduire l’échec d’apprentissage des enfants les moins avancés, nous a aussi souvent été renvoyée l’inquiétude que le souci de ceux-ci ne se fasse au détriment de ceux-là. Quelques précisions sont donc nécessaires.

Il ne s’agit pour nous, en aucun cas, d’inverser les termes de la pédagogie élitiste que nous stigmatisions plus haut et, de même qu’elle privilégiait la partie haute de la classe, de privilégier symétriquement sa partie basse. Ce dont il s’agit, c’est de mettre fin à l’abandon ou au rejet dont souffrent les enfants les moins performants dans le système scolaire.

En tout état de cause, les maîtres savent bien que les enfants les plus avancés “apprennent avec n’importe quelle méthode”. Ce n’est donc pas les pénaliser que de se préoccuper prioritairement de ceux dont on se préoccupe le moins d’ordinaire.

On pourrait craindre toutefois que le niveau des enfants les plus avancés soit alors inférieur à celui qu’ils auraient eu dans une structure classique. Les faits dont nous disposons ne vont nullement dans ce sens. En ZEP, les comparaisons faites à plusieurs reprises en début de CE2, lors de l’évaluation annuelle de la DEP, entre deux écoles voisines dont l’une travaillait suivant les perspectives présentées dans cet ouvrage et l’autre de manière classique, n’ont pas fait apparaître ce type de différences. En Israël, dont de nombreuses classes travaillent avec nous suivant ces perspectives, un des problèmes que nous ont posé plusieurs maîtres est, à l'inverse, de savoir comment faire avec des enfants dont le niveau atteint était tel qu'il était de loin supérieur à celui prévu pour la classe qu'ils fréquentaient. Ces deux observations ne corroborent donc pas les craintes de baisse du niveau formulées par certains.

Le fait que nous nous préoccupons prioritairement des enfants les plus défavorisés demande à être encore précisé afin d'éviter d'autres malentendus. Notre objectif n'est pas que les différences de départ entre les enfants aient disparu à l'arrivée, c'est-à-dire que tous les enfants atteignent les mêmes résultats en fin d'année ou en fin de cycle. Ce dont il s'agit en fait, c'est de réduire les écarts entre les enfants. C'est ce que semblent montrer les premiers résultats provenant de classes avec lesquelles nous travaillons (Fabre). Nous ne pensons pas que la pédagogie suffise à faire disparaître les différences sociales lors de l'apprentissage de la lecture-écriture. Elle peut les réduire mais ne suffit pas à les annuler. Notre objectif est plus modeste : il est de permettre à tous les enfants d'entrer dans l'écrit sans difficultés particulières, quel que soit le point dont ils sont partis. C'est bien suffisant... et chacun sait que ce n'est pas si facile à atteindre !

L'acquisition de la langue écrite

ENJEU INTERDISCIPLINAIRE

Quelle est la situation de ce livre par rapport aux disciplines de référence ? Telle est la question qu'il convient maintenant de se poser en tentant de délimiter les territoires respectifs des principales disciplines concernées.

Trois disciplines principales interviennent dans le champ de l'acquisition de la langue écrite : la pédagogie, la linguistique et la psycholinguistique. L'acquisition de la langue écrite constitue donc un champ interdisciplinaire.

En termes clairs, "interdisciplinaire" signifie conflit entre les trois disciplines, c'est-à-dire compétition entre chacune d'elles pour assurer sa prééminence. C'est le vrai sens de "interdisciplinaire" dans ce domaine, comme dans d'autres. Chaque discipline s'efforce d'assurer sa suprématie.

L'"interdisciplinaire" au sens de coopération, c'est-à-dire de conjonction de compétences distinctes et d'intersection entre apports d'origines différentes, est une vue de l'esprit, un idéal qu'il ne faut pas confondre à la réalité sous peine de ne pas comprendre.

En ce qui concerne donc l'acquisition de la langue écrite, trois disciplines distinctes se disputent la suprématie, chacune tentant d'imposer sa façon de voir.

La pédagogie

La discipline majeure est la pédagogie puisque c'est à elle que revient, au jour le jour, le soin de transformer les analphabètes en lecteurs et scripteurs. Pour bien situer les choses, pédagogie renvoie ici à deux types d'acteurs du système éducatif : les formateurs et les praticiens.

La premier trait qui définit la pédagogie est donc son engagement dans l'action. Cette responsabilité pratique la distingue des deux autres disciplines évoquées dont la responsabilité se situe essentiellement au plan théorique.

De cet engagement praxique, résulte une démarche qui ressort essentiellement du pragmatisme. C'est le second trait. Le pédagogue, en effet, se préoccupe essentiellement de "ce qui marche", c'est-à-dire de ce qui permet d'apprendre. Dans sa bouche, le mot "théorie" est péjoratif. Homme de terrain plutôt que de cabinet, il procède essentiellement par essais et erreurs : si ce qu'il a fait a marché, il le conserve pour le refaire, si ça n'a pas marché, il le rejette. Le pédagogue adopte une démarche de recherche empirique, par essais et erreurs.

La pédagogie est donc quelque chose qui s'apprend essentiellement sur le tas, par l'expérience. La plus belle preuve en est le résultat concordant auquel arrivent toutes les recherches : les meilleurs maîtres sont les plus expérimentés, ceux qui ont eu le temps d'apprendre leur métier.

Alors que le mot "théorie" est péjoratif, le mot "avoir de l'expérience" est laudatif.

Le troisième trait, qui permet de définir la pédagogie, est son caractère normatif. Discipline soumise aux exigences de l'action - il faut que les enfants sachent ceci ou cela à tel ou tel moment - la pédagogie fonctionne sur un mode impératif, comme toutes les actions que l'on juge à leurs résultats, qu'il s'agisse de l'activité économique, de la médecine ou de l'armée.

Les formateurs sont donc des gens d'autorité. L'analyse de leur discours ne laisse aucun doute à ce sujet. Ils énoncent sur un ton péremptoire ce qui est bien et ce qui est mal, ce qu'il faut faire et ce qu'il ne faut pas faire...quitte à dire le contraire quelques temps après.

Le dernier trait que je retiendrai pour définir la pédagogie est son caractère idéologique. "Idéologique" s'oppose ici à "scientifique". Le formateur, en effet, à la différence du chercheur, ne se propose absolument pas de vérifier la véracité de ses affirmations, la justesse de ses propos. Le souci de la vérité, c'est-à-dire de l'adéquation au réel des propos qu'il énonce, ne le concerne pas.

Par exemple, l'évaluation, thème majeur depuis peu, n'existe absolument pas dans le monde scolaire sur un mode scientifique. La seule évaluation existante est celle qu'effectue au jour le jour le maître dans sa classe ou une évaluation bâtie sur ce modèle (évaluations des connaissances effectuées par la DEP).

A ces caractéristiques de la pédagogie correspond une institution ayant un mode de fonctionnement particulier, un fonctionnement hiérarchique. Action, pragmatisme, norme et idéologie vont de pair, en fait sinon, en droit, avec un fonctionnement de nature hiérarchique.

En particulier, pour que la norme soit appliquée, il faut que l'institution chargée de son application fonctionne de manière efficace. L'Education Nationale est donc un système hautement hiérarchisé qui, pour être bien compris, devrait être comparé à d'autres grands appareils étatiques de l'Etat comme l'Armée ou la Police, ou non étatiques comme le Clergé. Un corrélat de cet état de l'institution est son caractère de champ clos.

De ces caractéristiques de la pédagogie résultent les formes particulières que prend la vie intellectuelle dans le champ clos du monde de l'enseignement :
- la formation, par exemple, est une entreprise où l'efficacité repose essentiellement sur l'autorité ou la séduction et non sur la scientificité des propos ;
- les associations, appelées “mouvements pédagogiques”, apparaissent comme déterminées dans leur structure par la structure à laquelle elles s'opposent. Elles regroupent en effet des opposants à l'institution, notamment dans ses aspects normatifs et hiérarchiques, et se constituent autour d'une idéologie opposée à l'idéologie officielle. Leur efficacité est d'autant plus grande qu'elles ont à leur tête une personnalité charismatique également capable de distinguer vigoureusement le vrai et le faux, le bien et le mal.
Les associations apparaissent dès lors comme secrétées par l'institution ; si leurs discours sont différents, leurs fonctionnements “à l'idéologie” peuvent pourtant apparaître comme le reflet de ce qu'elles condamnent :
- les échanges, entre groupes rivaux ou personnalités rivales, prennent facilement la forme d'excommunications réciproques ;
- de manière générale, le discours pédagogique est un discours plus affectif que rationnel ; il est destiné à provoquer l'émotion pour faire adhérer à l'idée, plutôt qu'à démontrer par un raisonnement serré.

La linguistique

La linguistique se définit essentiellement comme la discipline scientifique qui procède à l'analyse des structures de la langue. Elle s'oppose donc, trait par trait, à la pédagogie.

Discipline scientifique, elle n'est pas concernée par l'action mais par la réflexion.

En tant que recherche scientifique, ses objectifs sont de nature théorique et non pas pratique.

Alors que la pédagogie est normative, la linguistique se veut descriptive ou explicative des faits de langue.

Discipline scientifique enfin, elle procède par analyse objective et rationnelle de faits de langue et non par idéologie.

La psycholinguistique

La psycholinguistique, comme la linguistique, est une discipline scientifique. Elle repose donc sur la réflexion et non sur l'action, a des objectifs de connaissance théorique, procède par description et explication articulées à des faits objectifs.

Linguistique et psycholinguistique

Le point important est alors de savoir ce qui fait la différence entre linguistique et psycholinguistique. La réponse ici est extrêmement claire : alors que la linguistique se préoccupe de l'objet, la langue, la psycholinguistique se préoccupe du sujet, le locuteur et l'interlocuteur à l'oral, le lecteur et le scripteur à l'écrit.

Il existe donc trois disciplines : la pédagogie, la linguistique et la psycholinguistique. Il est important ici de bien comprendre que leur statut épistémologique n'est pas le même : la première renvoie à la pratique et les deux autres à la recherche scientifique. Dans le contexte français, la pédagogie fait depuis peu appel aux savoirs linguistique et psycholinguistique pour améliorer ses pratiques.

Dernière remarque à ce sujet : quel est, de ces deux savoirs, le plus important pour l'action pédagogique ? Evidemment, pour les linguistes c'est la linguistique et pour les psycholinguistes c'est la psycholinguistique.

On peut en prendre deux exemples : la thèse centrale de Hélène Huot dans un ouvrage intitulé "*Et voilà pourquoi ils ne savent pas lire*" (1985) est que les enseignants n'ont pas une assez bonne formation en linguistique pour avoir une pratique efficace, d'où les échecs des enfants. Cette proposition est excessive mais son mérite didactique est évident : elle constitue un exemple flagrant d'impérialisme linguistique.

Il en est de même pour la psycholinguistique : les dernières pages de l'ouvrage de Ferreiro (1988) manifestent à leur tour la tendance des chercheurs à tout expliquer par des facteurs propres à leur propre discipline. Cette position est également excessive.

La position pédagogiste, suivant laquelle la pédagogie se suffit à elle-même, sans linguistique et sans psycholinguistique, existe également. Peu de personnes s'en réclament en France aujourd'hui, mais l'absence de discours publics en sa faveur ne l'empêche pas d'être très répandue chez certains praticiens.

Les propos qui constituent ce livre puisent essentiellement à deux sources : la psycholinguistique et la pédagogie, même si, plus discrètement, on peut y reconnaître des éléments provenant de la linguistique. La conjugaison d'une spécialisation scientifique en psycholinguistique et d'un important investissement sur le terrain pédagogique en constitue les fondements.

Apprendre à lire

EST-CE BIEN LE PROBLÈME ?

Le débat sur l'école se porte plus facilement sur l'école primaire que sur l'école secondaire ou maternelle et, dans ce débat sur l'école primaire, ce dont il est surtout question c'est de "l'apprentissage de la lecture".

De deux choses l'une : ou, effectivement, l'école primaire fait problème plus que toute autre, mais la démonstration reste à faire..., ou cette façon d'orienter la discussion résulte d'habitudes de pensée et, dans ce cas, il faut se demander si c'est la meilleure façon de poser le problème.

Il en est de même pour l'apprentissage de la lecture. L'apprentissage de la lecture, au sens strict, constitue-t-il le problème principal à l'école élémentaire ? Ici encore la chose ne paraît pas évidente et réduire le débat sur l'école primaire à la question de l'apprentissage de la lecture risque fort de le limiter singulièrement et donc de tronquer la réalité.

Le rapport du recteur Migeon (1989) a cette immense qualité de ne pas réduire à la seule école primaire la réflexion et les propositions sur la nécessaire amélioration du système éducatif. On remarquera en effet que les unités qu'il distingue débordent le cadre strict de l'école primaire, à la fois en amont - avec la grande section d'école maternelle -, et en aval, puisque la classe de 6e est prise en compte. Ce rapport, de la même façon, et ce n'est pas l'effet du hasard, bien entendu, ne se limite pas non plus à la lecture : ce dont il est question, plus généralement, c'est de "la réussite à l'école".

Il nous faut pareillement conserver ce souci de ne pas nous enfermer dans des cadres trop restrictifs. Nous nous efforcerons donc, dans les idées proposées à la réflexion, de conserver cette perspective large. Plutôt donc que de se focaliser sur la question de la lecture, il faut s'efforcer de voir, dans un premier temps, quels problèmes posent à l'enfant les apprentissages scolaires.

Qui a des difficultés scolaires ?

La première question qu'on peut se poser est de savoir qui a des difficultés à l'école, de qui on parle quand on se préoccupe de difficultés scolaires en France aujourd'hui.

A la question "Qui a des difficultés scolaires ?", la réponse doit être claire car elle repose sur des données solidement établies : les enfants de milieu social défavorisé et, plus particulièrement, les enfants d'origine étrangère et ceux appartenant au Quart Monde. Cette réponse semblera évidente à beaucoup et pourtant il n'apparaît pas qu'on puisse la considérer comme telle car elle n'est pas partagée par tout le monde.

Au Québec, par exemple, il y a peu de temps, nous avons été étonnés de voir à quel point cette façon d'aborder les problèmes scolaires était difficile à concevoir : pour la plupart de nos interlocuteurs, le problème des difficultés d'apprentissage scolaire relevait en effet de la sphère des capacités individuelles et nullement des catégories de la société.

De la même façon, depuis combien de temps est-on conscient en France des déterminants sociaux des résultats scolaires ? Depuis une trentaine d'années environ. Si évidence il y a, elle est récente. Il suffit de parcourir des ouvrages, écrits il y a plus de trente ans, pour se rendre compte que cette préoccupation en est absente.

Enfin, et c'est assurément l'argument le plus intéressant, tout un chacun, en France, aujourd'hui, a-t-il admis que les mauvais élèves sont, statistiquement, des enfants d'origine populaire ? Non. Si cette idée a fait son chemin dans le monde de l'éducation, il n'en est pas de même dans celui de la santé. Dans le monde de la santé, en effet, un autre mode d'explication prévaut. Selon celui-ci, les difficultés d'apprentissage scolaire ne concernent pas essentiellement les enfants socialement désavantagés et ne constituent donc pas un problème social. Ces difficultés, pense-t-on, concernent potentiellement tout un chacun et constituent plutôt un problème médical. L'explication proposée repose sur l'affirmation que, pour au moins une fraction des enfants, l'origine des difficultés rencontrées est d'origine organique.

L'examen attentif de la littérature scientifique consacrée à cette hypothèse, littérature particulièrement développée en langue anglaise (Fijalkow, 1992), nous a convaincu que cette hypothèse est sans fondements objectifs ; en dépit des efforts réalisés par les personnes œuvrant dans cette direction depuis près de cent ans, les données dont ils disposent ne sont pas scientifiquement convaincantes et ne peuvent pas non plus expliquer les faits observés par ailleurs. Seule, sans doute, l'autorité dont jouit le corps médical dans la société confère une certaine crédibilité à cette façon d'aborder le problème.

Problème social ou problème médical ? Certains penseront peut être qu'il s'agit là d'une querelle dépassée ou, au moins, purement académique. Il n'en est rien. Cette question est très actuelle et parfaitement pratique. Une "proposition de loi tendant à la reconnaissance et à la prévention des difficultés spécifiques d'apprentissage" (dyslexie, dyscalculie, dysorthographie, etc.,) a, en effet, été enregistrée par l'Assemblée Nationale le 29 octobre1987. Il s'agit donc bien d'une question tout à fait actuelle.

Elle n'est pas davantage d'ordre académique car si, demain, les lois étaient appliquées, les enfants qui, aujourd'hui, posent le plus de problèmes aux maîtres seraient étiquetés comme ayant des "difficultés spécifiques d'apprentissage" en officialisant, ce faisant, l'échec scolaire comme problème relevant de compétences d'ordre médical. En d'autres termes, si le problème est un problème social, c'est d'un traitement social qu'il relève, mais s'il est de nature médicale, il convient que lui soit appliqué un traitement de nature médicale. De la définition théorique du problème à la manière d'y faire face dans la pratique, le chemin est direct.

Le fait de départ à nos yeux, celui dont il faut partir pour définir correctement la question, est que les difficultés d'apprentissage scolaire sont, pour l'essentiel, le fait d'enfants de milieu social défavorisé. Sur les conséquences pratiques à tirer de cette façon de poser la question, nous reviendrons plus loin.

Quelles sont ces difficultés ?

La seconde question qu'il nous paraît souhaitable de poser est celle de la nature de ces difficultés : quelles sont les difficultés que rencontrent les enfants de milieu social défavorisé dans le monde scolaire ? Il faut être très attentif à la façon de répondre à cette question, car de la façon dont on y répondra découlera à nouveau l'ordre selon lequel il conviendra d'intervenir.

Nous ne répondrons donc pas en évoquant tout de suite les difficultés que l'on pourrait qualifier d'académiques (apprentissage de la lecture, du calcul, etc.,) car, essayant d'expliquer de quelle façon les choses se mettent en place, nous ne pensons pas que les difficultés académiques soient chronologiquement premières.

Ce qui est premier, selon nous, ce sont des difficultés d'ordre social, plus précisément des difficultés d'ordre culturel. Le fait d'avoir identifié avec des critères sociaux la population d'enfants en difficulté amène en effet à chercher ce qui, sur le plan social, peut leur faire problème à l'école.

Avant d'en venir à cette hypothèse, il est nécessaire de définir l'école sur le plan sociologique, tout comme on s'est efforcé de le définir pour les enfants de cette façon.

Du fait que les enfants de milieu social favorisé réussissent mieux à l'école que les autres, certains, dans le passé, ont tiré des conclusions caricaturales sur ce qui constitue la culture scolaire. Ces conclusions s'avèrent fausses. De recherches effectuées récemment dans des classes primaires sur la participation en classe (Sirota, 1989), il ressort en effet que les enfants qui participent le plus ne sont pas les enfants de milieu favorisé, comme une sociologie trop sommaire aurait pu le faire croire, mais les enfants de milieu moyen. Il est très important, partant d'un éclairage sociologique se basant sur les recherches évoquées, de considérer que l'école primaire, telle qu'elle est aujourd'hui, est plus proche de la culture des classes moyennes que de celle des milieux favorisés.

Ce point étant précisé, il faut maintenant expliquer ce que signifie l'hypothèse que les difficultés des enfants de milieu social défavorisé sont d'ordre culturel.

On procèdera en effectuant un détour par l'école en Sicile. Au cours d'un voyage d'études réalisé dans le cadre d'un programme européen de recherche-action de prévention de l'analphabétisme, nous avons eu l'occasion, avec un groupe de collègues, de visiter des écoles dans trois villes de Sicile.

La Sicile, c'est bien connu, a un niveau de développement économique très faible, c'est une des régions les plus pauvres de l'Europe. Ceci apparaît dans les statistiques, et ceci se voit quand on se promène dans les rues. Le niveau d'études de la population va de pair : bien des parents des enfants scolarisés aujourd'hui ont été alphabétisés récemment, dans le cadre d'un programme européen antérieur. En bref, toutes les conditions socio-économiques et socioculturelles sont réunies pour que les enfants soient en difficulté dans les apprentissages scolaires.

Nous avons noté la présence des causes et attendu donc, en bonne méthode, l'apparition des effets. Or, ce que nous avons observé dans les classes, ne correspond pas du tout à ce que nous nous attendions à y trouver : nous avons vu, au CP, des enfants lire fort bien et, au-delà du CP, des enfants manifester des compétences en lecture bien supérieures à celles auxquelles on pouvait s'attendre dans un tel contexte sociologique.

Comment expliquer cela ? Les pédagogues siciliens sont-ils exceptionnels ? Certains assurément, mais pas tous. Comme en France. L'organisation de la classe, les activités réalisées, les relations maître-élèves ne nous semblent, en général, ni meilleures ni pires qu'en France. Plus traditionnelles certainement. Il fallait donc chercher plus loin. C'est ce que nous avons fait. Tout au long de notre séjour, nous nous sommes demandé ce qui pourrait expliquer les résultats observés à l'école. Lors des rencontres avec les maîtres et les responsables, après la classe, nous avons posé des questions.

Nos questions sur les enfants en difficulté ont été mal comprises : les réponses ont porté sur les enfants ayant un handicap physique car, selon les enseignants, il n'y a pas d'échecs, tout au plus de petits retards ou des lenteurs relatives, rattrapés sans problème par le maître. En fait, ce sont les questions portant sur les enseignants eux-mêmes qui ont apporté les réponses les plus intéressantes : en règle générale, les enseignants siciliens sont originaires de la région, ont appris leur métier dans la région, ont toujours travaillé dans la région, habitent la localité où ils exercent et n'envisagent aucunement de quitter la région.

Si l'on compare alors les enfants et les enseignants, l'impression est que les uns et les autres appartiennent au même milieu, vivent dans le même environnement, participent de la même culture. Il y a, dans cette région, une harmonie culturelle parfaite entre l'école et la maison, et on peut penser que l'enfant passe de l'une à l'autre sans avoir l'impression de changer de monde. C'est là, pensons-nous, que se trouve l'explication des résultats satisfaisants obtenus par les enfants.

Bien entendu, il ne s'agit que d'impressions recueillies lors d'une visite et nullement d'une étude rigoureuse. Ces données sont donc apportées sous toute réserve. Elles sont à vérifier.

La Sicile est-elle un cas exceptionnel ? Il ne semble pas. Par exemple, un article paru dans *Le Monde* en juin 1988 et rédigé par Michelle Sellier, recteur d'Académie, présente la situation scolaire dans l'Aveyron en s'appuyant sur des sources officielles d'information. On y apprend que, quels que soient les indicateurs retenus, l'Aveyron obtient les meilleurs résultats scolaires de France.

Au dossier de cette hypothèse qui voit dans l'harmonie culturelle entre l'école et la maison la clé de voûte de la réussite scolaire, rappellons, sans nous y attarder, qu'elle explique parfaitement le fait bien connu que les enfants d'enseignants réussissent particulièrement bien leur scolarité. Dans quel cas en effet l'harmonie pourrait-elle être plus complète que dans celui-ci ?

A l'opposé, si on considère les banlieues, là où les problèmes scolaires se posent avec le plus d'acuité, c'est le tableau inverse qui se présente : entre l'école et la maison, les différences culturelles sont considérables. Arrêtons-nous un instant sur cet autre type de situation.

Que peut bien ressentir un enfant d'origine maghrébine par exemple, qui, le jour de la rentrée des classes, passe de l'univers familial à l'univers scolaire ? Que peut représenter pour lui, cette personne, l'enseignant, qui ressemble si peu à ses parents ? Quelle idée peut-il avoir de ce que l'on attend de lui, de son rôle d'élève ? S'il a fréquenté l'école maternelle, les choses sont sans doute un peu plus claires, mais les résultats montrent que ça ne suffit pas.

De la même façon, que connaît l'enseignant de ces enfants qui lui sont confiés ? Leurs prénoms même lui sont étrangers : il les entend mal, ne sait pas comment les prononcer. Il ne sait d'où viennent ces enfants : marocains ? tunisiens ? algériens ? et même s'il le savait, qu'est ce que ça changerait ?

Tel est, sans doute, le problème fondamental : la différence culturelle. Pour bien voir le problème, il faut le prendre à la source. Pour ce faire, les situations de départ sont les plus claires.

La différence culturelle

La Maternelle

Commençons par la Maternelle. La Maternelle présente cette caractéristique intéressante qu'elle est l'école, mais l'école sans les apprentissages académiques. Ceci permet de séparer les différents facteurs et de ne pas attribuer à la lecture ce qui peut relever de facteurs non académiques.

En somme, à l'école maternelle, si conflit culturel il y a, ce conflit apparaîtra en quelque sorte à l'état pur, sans que les acquisitions scolaires classiques y jouent quelque rôle que ce soit.

Les études réalisées à l'école maternelle montrent effectivement que les types d'enfants que l'on sait être en difficulté à l'école élémentaire manifestent déjà des difficultés : leur participation à certaines activités, au "moment de langage" par exemple, est bien inférieure à celle des autres.

L'explication que l'on peut en donner est qu'une activité comme celle-ci, est une activité culturellement codée. Cette situation que, en tant que pédagogues, nous avons instaurée précisément à l'intention de ces enfants, pour qu'ils apprennent à mieux parler, est une situation qu'ils rejettent. Peut-être parce qu'ils y éprouvent tout de suite un sentiment d'infériorité, ou peut-être parce qu'ils sont habitués à une utilisation plus fonctionnelle du langage et n'aiment donc pas "parler pour ne rien dire". Enseigner la langue hors contexte, sans véritable enjeu, fait toujours problème, à quelque niveau scolaire que l'on se situe. Il est admis que ce n'est pas avec des bons sentiments qu'on fait de la bonne littérature. Il faut bien admettre que les choses ne sont pas différentes en pédagogie.

Les débuts de l'année scolaire au CP

Une autre situation de départ témoigne de cette difficulté des enfants de milieu défavorisé à l'école : les débuts de l'année scolaire au CP. On peut observer, au cours du premier trimestre de CP, si l'on y prête attention, des signes discrets comme :

- refuser de quitter, en classe, les vêtements chauds avec lesquels on est venu de la maison ;
- se centrer de manière excessive sur les objets que l'on a apportés de chez soi (trousse, contenu de la trousse...) : l'enfant les touche, les range, y revient sans cesse ;
- refuser de prêter ses objets ;
- avoir des gestes agressifs.

Dans tous les cas, l'impression est que l'enfant éprouve un sentiment d'insécurité. Quitter son manteau le mettrait en danger, vérifier que ses affaires sont toujours là c'est se rassurer sur le fait qu'elles ne lui ont pas été volées, les toucher c'est s'évader en se donnant l'impression de retrouver un univers familier, refuser de prêter c'est conserver ses défenses, agresser c'est répondre par anticipation aux menaces que l'on ressent.

Ces comportements sont susceptibles d'apparaître chez tous les enfants, mais l'impression - à confirmer par des études objectives - est qu'ils sont surtout le fait des enfants de milieu social défavorisé et qu'ils expriment leurs difficultés d'adaptation à la situation scolaire.

Position sociale de l'enfant et résultats scolaires

Un autre phénomène nous a frappés ces dernières années dans la vie des classes : la relation entre la position sociale de l'enfant dans le groupe-classe et ses résultats scolaires. Nous essayons actuellement d'approfondir le fait suivant : les mauvais élèves sont également ceux qui sont socialement à l'écart.

Dans les études préliminaires que nous avons conduites, nous avons mis en relation les données fournies par une épreuve sociométrique et le niveau scolaire de l'enfant, tel qu'établi par l'enseignant ou par des épreuves que nous avons faites passer.

Dans l'épreuve sociométrique, les enfants, individuellement, donnent les noms des trois enfants de la classe avec lesquels ils voudraient travailler, les noms des trois enfants avec lesquels ils ne voudraient pas travailler, et de même pour jouer. Le dépouillement des réponses, aujourd'hui informatisé, nous permet d'obtenir aussitôt le statut sociométrique de chaque enfant, c'est-à-dire de voir dans quelle mesure il est choisi et rejeté. La corrélation entre le statut sociométrique et les résultats dans les matières académiques est très significative. Evidemment, ce n'est, comme toujours, qu'une liaison statistique.

Le fait que les élèves, ayant des difficultés dans les matières académiques, soient également ceux qui sont socialement peu choisis ou massivement rejetés, constitue un autre témoignage des difficultés proprement sociales de l'enfant qui réussit mal à l'école.

S'il apparaît donc que les difficultés que rencontrent à l'école les enfants de milieu défavorisé sont d'origine sociale, il s'agit maintenant d'approfondir un peu la nature de celles-ci, de voir plus précisément en quoi consiste le conflit culturel dont nous faisons l'hypothèse chez ces enfants.

Le conflit culturel

L'école, en hébreu, c'est "la maison du livre". Cette dénomination imagée mérite réflexion. Dans la mesure où l'école est, pour tous les enfants, quelle que soit leur langue, la maison du livre, elle entre dans une catégorie d'institutions à laquelle appartient également la bibliothèque et la librairie.

Chacun sait que les personnes de milieu modeste ne fréquentent pas ce genre d'institutions, mieux encore refusent obstinément d'y pénétrer. Ceci ne signifie pas qu'elles ne lisent pas mais qu'elles trouvent leurs objets de lecture dans d'autre lieux : ce qu'elles lisent ne se trouve pas dans les bibliothèques ou dans les librairies.

Si l'on y regarde de plus près, on s'aperçoit même que le simple fait d'entrer dans une école, une bibliothèque ou une librairie provoque chez elles une gêne, un malaise, un sentiment très désagréable de honte, celui de "ne pas être à sa place". Il existe des frontières culturelles qui, pour être invisibles, n'en sont pas moins très fortes subjectivement.

Sans insister davantage sur cette situation, on peut s'interroger sur ce que ressentent, vis-à-vis de "la maison du livre" les enfants de ces personnes. Dans quelle mesure l'école n'est-elle pas pour eux, dans les cas extrêmes, ce que sont pour leurs parents l'école, la librairie, la bibliothèque, le musée, etc., c'est-à-dire des lieux qui ne sont "pas faits pour eux" et où ils ressentent "un malaise", "la honte", pour employer leurs propres mots ?

Au risque de noircir le trait, il faut envisager, dans cette perspective, l'hypothèse que les difficultés d'acquisition, dans les cas extrêmes, résultent d'un véritable refus d'apprendre. Cette expression nous choque car, à nos yeux, l'instruction est un bien absolu, c'est ce qui permet à un individu de sortir du mal - l'ignorance - pour passer dans le bien - le savoir -. Apprendre à lire c'est la clé de tous les savoirs, de la formation professionnelle, de la réussite sociale, etc. Qui pourait refuser un tel bienfait ? Apprendre à lire est un cadeau. Qui refuse un cadeau ? Nos résistances à accepter ce type d'explications sont en proportion même de la valeur que nous conférons à ces apprentissages. Il est, à nos yeux, inconcevable que quelqu'un refuse un tel cadeau. Il semble pourtant que c'est de refus qu'il s'agit, que ce terme est le seul qui convienne pour rendre compte de certains faits. Citons-en trois :

1

Le premier résulte de témoignages de formateurs d'adultes, en France et aux Etats-Unis.

Dans les stages d'alphabétisation, il apparaît des personnes dont les efforts sont près d'atteindre leur but, qui sont sur le point de savoir lire. C'est à ce moment-là que ces personnes abandonnent, ne viennent plus aux cours, au grand désespoir des formateurs. Pourquoi ? Les entretiens que l'on peut avoir avec elles font apparaître qu'arrivées à ce point-frontière de l'analphabétisme et de l'alphabétisme elles sont prises de panique. Il existe une peur d'aller plus loin, d'en apprendre davantage.

La raison en est que apprendre à lire n'est pas seulement acquérir une technique culturelle, comme on le pense généralement. C'est plus que cela : c'est entrer dans une autre culture, dans un autre monde. Il ne s'agit pas ici du monde de la connaissance, mais du monde social. Apprendre à lire n'est pas seulement apprendre l'usage d'un outil, c'est franchir une frontière sociale, passer du côté de ceux qui vont dans les bibliothèques, les musées, etc. Et on comprend alors qu'il y ait des personnes qui, se rendant compte de ce qui est en jeu, soient prises de panique et, de peur de faire un marché de dupe ou de peur de se perdre, reviennent en arrière. Ce qui est en jeu ici, au delà de la promesse rassurante d'un nouveau savoir, c'est l'identité même du sujet. On peut alors objecter qu'il s'agit d'adultes et que les enfants, moins informés, ne vivent pas ainsi les apprentissages scolaires. Venons-en alors aux autres faits annoncés.

2

Dans les classes de CP et CE1 avec lesquelles nous travaillons en recherche-action, certains enfants manifestent plus de difficultés que d'autres pour entrer dans les apprentissages académiques. Tout semble avoir été essayé en classe et tout semble avoir échoué. Que se passe-t-il avec ces enfants ?

Nous faisons l'hypothèse qu'il ne peut pas y avoir apprentissage parce que l'enfant refuse d'apprendre. Il ne sert à rien de s'attaquer aux apprentissages eux-mêmes, il faut prendre le problème en amont, et donc s'attaquer au refus de l'enfant que nous supposons.

L'enfant à l'école se trouve placé, sans l'avoir demandé, dans un univers culturel différent de son univers habituel. Ceci se traduit, dans un premier temps, par l'insécurité évoquée plus haut. On pourrait aussi parler de prise de distance, de méfiance. Plus tard dans l'année, ce malaise se transforme en résistances. L'enfant refuse de se plier à la demande de l'institution et s'installe dans une position de refus. Ce refus peut être de plusieurs types : passif ou actif. Le premier est plus facile à supporter par l'enseignant. Les pressions qu'effectue l'enseignant sur l'enfant, demeurent alors sans effet ou produisent un effet contraire.

On a parlé de sentiment d'insécurité, d'attitude d'opposition de l'enfant, mais on peut ajouter aussi, dans les cas extrêmes, un sentiment de trahison. Tout se passe comme si le sentiment de différence était tel chez certains enfants que, à leurs yeux, apprendre à l'école revienne à trahir leur famille. On retrouve ici quelque chose d'assez proche des cas d'alphabétisation interrompue. Mais il faut alors approfondir l'analyse et s'intéresser à la demande de la famille et à l'offre de l'école.

Les parents, d'une part, veulent que l'enfant apprenne à lire mais, d'autre part, ils veulent aussi qu'il reste lui-même, semblable à eux, qu'il conserve son identité culturelle, faute de quoi ils craignent de le perdre. En d'autres termes, les parents sont d'accord pour des apprentissages techniques mais techniques uniquement.

L'école, pour sa part, présente une offre globale : elle enseigne à lire mais dans un certain contexte culturel, indissociablement. L'acquisition de la lecture ne va pas sans l'adhésion à la culture que véhiculent les livres.

Dans de telles conditions, la demande des parents se transforme en double contrainte pour l'enfant : apprendre à lire c'est obéir à ses parents mais c'est, en même temps, risquer de les perdre. Tant que acquisition rime avec trahison, l'enfant hésite à s'engager dans un apprentissage aussi périlleux. L'expérience montre que, dans un bon nombre de cas, le risque de perdre ses parents l'emporte sur tout autre.

La littérature offre des témoignages plus ou moins autobiographiques d'enfants d'origine modeste ayant pris une autre voie que celle du refus et donc de l'échec et de ce qu'implique pour eux ce passage d'un milieu à l'autre : toute l'œuvre d'Annie Ernaux repose sur ce thème. Bien évidemment, ceux qui ont fait l'autre choix n'écrivent pas de romans autobiographiques...

3

Le troisième fait relatif au refus d'apprendre est d'une simplicité désarmante : dans des entretiens métalinguistiques avec les enfants destinés à savoir comment ils se représentent la lecture et l'écriture, il nous est arrivé de leur demander s'ils voulaient apprendre à lire. Certains enfants ont, tout simplement, répondu "non". Nous n'avons pas, à ce moment-là, pris au sérieux ce type de réponses. Il serait temps de le faire.

Quand on y réfléchit un instant, la scolarité est obligatoire, c'est-à-dire que les enfants vont à l'école parce qu'ils y sont obligés et non parce qu'ils l'ont voulu. Pourquoi faudrait-il que tous acceptent de bon cœur cette obligation ? Le spectacle ordinaire des classes c'est celui d'un adulte luttant pour imposer sa volonté d'apprentissage aux enfants ; du côté des enfants, c'est la soumission qui l'emporte. Telle est la réalité. Il faut donc réserver la possibilité que, dans certains cas, la soumission cède le pas au refus.

Pour en finir avec cette question, apportons une précision au tableau rapidement dressé jusqu'ici. Dans ce qui précède nous nous sommes référé continuellement aux cas extrêmes, enfants issus du Tiers Monde ou relevant du Quart Monde. Si nous nous sommes référé à ces cas extrêmes, c'est en pensant que les idées proposées valent aussi pour les cas moins difficiles, mais de manière proportionnelle. Il semble raisonnable de penser que, de manière générale, plus la culture de l'école est différente de celle que l'enfant connaît à la maison, plus la probabilité de conflit culturel est grande et, par voie de conséquence, plus important le risque de voir apparaître des difficultés scolaires.

Le problème se pose depuis quelques années au collège (*"Ils ne savent pas lire"*), au lycée, voire dans le premier cycle de l'université (Dumontier, De Singly et Thélot, 1990). L'institution, adaptée à un certain public d'élèves, a maintenant à s'adapter à un public élargi, d'origine plus modeste. C'est la conséquence de la démocratisation.

L'importance que revêtent, selon nous, les facteurs sociaux ne devrait pas conduire cependant à confondre déterminisme social et fatalisme sociologique. Déterminisme signifie probabilité et non fatalité. C'est un fait que tous les enfants des milieux évoqués n'éprouvent pas des difficultés à apprendre à l'école, même s'il apparaît que la quasi totalité des enfants qui éprouvent de telles difficultés en sont issus. Quels sont ceux qui échappent à ce déterminisme ?

Les enfants d'enseignants constituent un cas extrême, mais nul n'est besoin d'être enfant d'enseignant pour réussir à l'école. Une étude préliminaire, menée dans notre équipe, vient de nous montrer que, trois fois sur quatre, des enfants de milieu défavorisé dont les parents ont une conception de l'éducation en harmonie avec celle de l'école réussissent au CP. Dans ce cas, le déterminisme sociologique ne joue pas et, en l'absence de conflit culturel, l'enfant mène à bien ses apprentissages scolaires. Ceci nous amènera donc à chercher les moyens susceptibles de réduire le conflit culturel.

Après avoir identifié les enfants en difficulté et proposé que leurs difficultés sont d'abord de nature sociale, venons-en maintenant aux difficultés qu'ils rencontrent dans les apprentissages académiques, celles donc qui tiennent le devant de la scène.

Difficulté en lecture ?

Partons à nouveau d'une question : dans quelle matière apparaissent ces difficultés ? La réponse qui s'impose est "en lecture" mais cette réponse reflète plus, je pense, les habitudes de pensée ou les priorités sociales que les réalités scolaires. Pour avoir une réponse objective, il faut donc recourir aux faits, aller voir ce que les recherches nous apprennent à ce sujet. On se réfèrera ici à plusieurs recherches menées récemment en France, très différentes sur le plan méthodologique.

La première, la plus importante, a été conduite par le Ministère de l'Education Nationale sur un échantillon de 20 000 enfants, suivis du CP au CM2. Les résultats ont été communiqués dans différentes publications de la DEP. Extrayons simplement ce fait, que les auteurs signalent en passant, sans s'y attarder car il n'est pas central pour leur problématique : il existe une très forte corrélation entre les résultats obtenus par les enfants dans les épreuves de lecture et dans celles de mathématiques. Ceci signifie que, en règle générale, les enfants ayant de bons résultats en lecture ont de bons résultats en mathématiques et, inversement, que ceux qui sont faibles en lecture le sont aussi en mathématiques. Bien entendu chacun d'entre nous a en tête un cas d'enfant faible en lecture mais bon en mathématiques, mais ceci n'est pas un fait général.

2

Pour notre part, nous avons pu vérifier qu'il en est bien ainsi dans une étude centrée sur cette question et portant sur les résultats obtenus en français et en mathématiques par 1 210 élèves de 6e provenant de l'évaluation annuelle de la DEP (Juanole, Casanova et Fijalkow, 1989).

3 - 4

La troisième recherche a été menée par une équipe de Dijon et la quatrième, dans notre équipe, à Toulouse. Elles portent l'une et l'autre sur un échantillon d'enfants de CP issus en totalité ou en majorité de milieux sociaux défavorisés. Les échantillons examinés, comportent près de 200 enfants dans chaque cas. Les résultats obtenus correspondent parfaitement, dans les deux cas, à ceux des échantillons nationaux : la liaison statistique entre lecture et mathématiques est très significative. Rares sont les enfants qui échappent à cette règle.

5

La cinquième recherche, également menée dans notre équipe, porte sur tous les enfants d'un seul établissement, une EREA (Juanole et Casanova, 1989). Il s'agit d'un échantillon encore plus spécifique que les précédents puisque, dans le cas d'une EREA, par définition, tous les enfants sont en difficulté. Réalisée précisément pour approfondir cette question de la relation français-mathématiques, elle nous montre que la relation étudiée apparaît toujours vraie, même quand la population est aussi particulière. Sur la base des épreuves réalisées, on relève en effet que, sur 98 enfants constituant l'échantillon, 84% ont des résultats voisins dans les deux disciplines, 9 % réussissent mieux en français et 7 % sont meilleurs en mathématiques.

6

Une sixième recherche, également menée dans notre équipe (Calmet, 1989), porte sur un échantillon parfaitement contrasté avec le précédent puisqu'il s'agit d'une école privée ayant un recrutement massif en milieu social favorisé. Tous les enfants de deux CE2, dont les enseignantes travaillent en étroite collaboration, ont été examinés ; il apparaît que 87 % des enfants ont des résultats semblables en français et en maths, 6 % réussissent mieux en français et 7 % mieux en mathématiques.

La convergence des résultats de ces deux dernières recherches est d'autant plus frappante que les populations sont socialement aux antipodes l'une de l'autre et que les mesures sont également différentes (*Test Bat Elem d'orthographe et de mathématiques pour l'EREA ; notes attribuées par les maîtresses à des évaluations faites en classe dans le cas des CE2*).

Ainsi donc, toutes ces recherches parviennent à la même conclusion. Cette unanimité, rare dans la recherche, mérite qu'on s'arrête quelques instants sur ce point.

Facteurs spécifiques ou facteurs généraux ?

Cette question est d'une importance capitale car elle met en cause notre façon habituelle d'aborder le problème. Ce qui caractérise en effet notre façon de procéder aujourd'hui, c'est l'approche spécialisée : il y a les spécialistes de la lecture et les spécialistes des mathématiques, et chacun travaille séparément sur son objet, en cherchant dans la spécificité de celui-ci les causes des difficultés des enfants et les solutions à adopter.

Chez ceux qui s'intéressent à la lecture, certains vont chercher dans la voie de la “dyslexie” la raison des difficultés d'apprentissage des enfants. Tâche difficile parce que, le plus souvent, les enfants qui lisent difficilement calculent tout aussi mal..., mais il est vrai qu'on ne leur fait jamais passer de test de calcul, ce qui permet de continuer à affirmer la spécificité de leurs difficultés en lecture sans risquer d'être démenti par les faits.

D'autres, du côté des pédagogues, vont chercher de la même façon, dans les déficiences des méthodes de lecture par exemple, les raisons des difficultés des enfants, alors que les dits enfants peinent pareillement en mathématiques.

En somme, la spécialisation oriente trop tôt vers des facteurs spécifiques au moment où il faudrait travailler sur des facteurs généraux. Il faut le signaler fortement, chercher dans la discipline même, dans ses particularités, les réponses aux questions posées, nous paraît être une fausse route : puisque ce sont les mêmes enfants qui peinent autant dans une discipline que dans l'autre, c'est vers ce qu'elles ont en commun qu'il faut orienter le travail. On peut alors passer sur les cas, rares, de difficultés électives dans une discipline car tout est à faire à ce sujet et leur rareté en fait moins une priorité qu'une curiosité.

Langage ? Intelligence ?

Pour expliquer la corrélation massive des résultats en lecture et en mathématiques, certains invoqueront le fait que l'une comme l'autre font appel au langage ; d'autres invoqueront l'intelligence, puisque pour résoudre un problème mathématique, aussi bien que pour comprendre un texte, langage et intelligence interviennent.

Cette façon de procéder, entachée de psychologisme, ne nous paraît pas la meilleure : depuis les débuts de l'école élémentaire, c'est en ces termes que l'on s'est efforcé de traiter le problème... avec le succès que l'on sait. Que l'on pense aux impasses auxquelles a conduit le versant langage - "la dyslexie" - et le versant intelligence - la débilité mentale -. La voie qui paraît heuristique aujourd'hui, c'est celle évoquée plus haut : la source des problèmes n'est à chercher ni en lecture, ni en mathématiques, ni dans ce que l'une et l'autre mobilisent, mais dans les conditions où ces apprentissages sont conduits, dans la situation scolaire telle que la vivent les enfants de milieu social défavorisé.

On n'apprend pas à lire tout seul

La tradition pédagogique en matière de lecture-écriture est toute entière focalisée sur les résultats obtenus par les enfants, donc sur le rendement du système. Le développement des évaluations, ces dernières années, produit alors un effet pervers. Si la nécessité de l'évaluation n'est pas douteuse, la focalisation sur cet aspect du système éducatif tend à accentuer encore un état d'esprit productiviste. Se centrer exclusivement sur les résultats revient à prendre le problème à l'envers.

Pour aborder l'apprentissage de la lecture-écriture, il nous paraît préférable de commencer par le commencement, c'est-à-dire par les conditions dans lesquelles s'effectue cet apprentisssage et, plus précisément, par les conditions sociales de celui-ci.

En effet, le premier problème que les enfants ont à résoudre à l'école, en arrivant à l'école ou en y vivant leur vie d'écolier, n'est pas un problème académique, un problème d'apprentissage, mais un problème social, un problème d'intégration sociale :

- intégration dans un milieu particulier, l'école, qui ne va de soi que pour les enfants dont la culture familiale est proche de celui-ci ;
- intégration dans un groupe d'enfants, ceux qui constituent le groupe-classe ;
- intégration dans une structure, la classe, qui est pilotée en permanence par un seul adulte, l'enseignant.

C'est cette triple intégration que doit en tout premier lieu réussir l'enfant pour pouvoir apprendre à lire.

Ce n'est que si l'enfant se sent bien à l'école, dans la classe, avec les autres enfants et avec l'enseignant, qu'il aura la sérénité nécessaire pour s'engager dans les apprentissages académiques, à commencer par celui de la langue écrite. Le problème de lecture-écriture est second.

S'exprimer ainsi, c'est une façon de comprendre ce que recommande le ministère de l'Education Nationale quand il demande aux enseignants de se centrer sur l'enfant. Travailler à faire en sorte que les enfants, tous les enfants, se sentent bien en situation scolaire, nous apparaît donc à la fois comme une priorité et comme une condition nécessaire aux apprentissages académiques.

Parmi les facteurs qui semblent contribuer le plus à l'adaptation scolaire des enfants de milieu social défavorisé, il semble que l'organisation de la classe joue un rôle particulièrement important. Il y a là, assurément, un manque criant de la réflexion pédagogique française, alors même que, sur le plan ergonomique, il s'agit d'une question capitale car elle conditionne dans une large mesure la façon dont se feront les apprentissages.

Des études effectuées sur l'efficacité pédagogique ressort qu'une organisation souple est la plus efficace. Il apparaît donc important que les enseignants sachent jouer des différentes possibilités : travail en groupe-classe, travail par demi-classe, travail en petit groupe, travail avec un seul enfant.

Au fur et à mesure des années, et en réponse à la demande des maîtres, nous en sommes venu à nous intéresser de manière privilégiée à une formule particulière qui est celle du petit groupe. Pour bien comprendre en quoi elle consiste, il est souhaitable d'examiner d'abord quelques uns des types d'organisation possibles.

Le groupe-classe

(organisation 1, dans le schéma, p. 34)

La formule que l'on observe le plus souvent dans les écoles est celle du travail en groupe-classe. Léguée par la tradition, elle paraît aller de soi car les maîtres ignorent le plus souvent qu'il existe d'autres formules, ou ne savent pas comment les mettre en place.

Cette formule, dans son principe, repose sur un postulat d'homogénéité. Pour bien fonctionner, une condition est impérieuse : tous les enfants doivent être semblables de sorte que l'enseignant, en s'adressant à tous, puisse être entendu de chacun.

L'homogénéité peut être recherchée en rassemblant dans une même classe les enfants ayant le même niveau académique. On éliminera donc les enfants qui n'atteignent pas le niveau requis : c'est la fonction du redoublement. On éliminera aussi ceux qui le dépassent : les passages anticipés répondent à cette nécessité.

L'homogénéité peut être recherchée sur une autre base : celle de l'âge par exemple. C'est la solution privilégiée en Amérique du

Nord. Un critère de niveau de développement social général est alors préféré au critère qui privilégie les acquisitions scolaires.

Ces dernières années, par recommandations de plus en plus pressantes, les autorités de tutelle ont mis en question le critère du niveau, en demandant que les redoublements soient aussi réduits que possible, en mettant en cause les passages anticipés, et en recommandant ensuite l'organisation de la scolarité sur une base de trois ans, le cycle, plutôt que de un an, la classe. Cette mesure tend, semble-t-il, à opérer une synthèse entre les deux positions évoquées : le critère académique est conservé par la définition de compétences à atteindre en fin de cycle, tandis que le critère social est pris en compte par le regroupement des enfants dans une classe d'âge.

La proposition de mise en place d'une formule par cycles indique que la formule, qui règne dans les classes, n'est pas jugée satisfaisante, mais les difficultés à la mettre en pratique indiquent aussi à quel point la pédagogie française est attachée au critère de niveau académique qui sous-tend l'organisation en classes de niveau.

Parmi les défauts qu'on lui reconnaît d'ordinaire, le principe fondateur d'homogénéité des élèves n'est pas le moindre. Celui-ci, en dépit des échappatoires que constituent les redoublements et les passages anticipés, demeure en effet profondément insatisfaisant pour des maîtres qui, jour après jour, sont amenés à gérer la contradiction entre une organisation de classe qui suppose l'homogénéité des élèves et les différences de niveau entre élèves qu'ils constatent en permanence.

On reproche également à la classe de niveau de reposer sur l'autorité incessante du maître qui, par la parole qu'il adresse à tous, doit guider les activités de tous les enfants. On lui reproche également d'être à l'origine de la passivité des enfants en situation scolaire.

Sur un autre plan enfin, la classe de niveau, dans laquelle le seul dialogue autorisé est celui du maître s'adressant tour à tour à chaque enfant, favorise fortement la comparaison sociale et une compétition incessante entre les enfants.

En fait, le seul véritable avantage des classes de niveau n'est pas d'ordre pédagogique mais de nature économique : il est moins coûteux de rassembler un groupe d'enfants dans une même classe que de suivre toute autre formule.

Partant de ces critiques maintes fois répétées, certains ont recherché des solutions qui, prenant le contrepied de la précédente, reposent sur une individualisation totale de l'apprentissage. C'est ce qui s'est produit, par exemple, dans des formations d'adultes.

L'individualisation totale

(organisation 2, dans le schéma, p. 34)

La démarche mise en oeuvre comporte quatre temps.

Dans un premier temps, le contenu de la matière à acquérir est défini et son ordre d'acquisition déterminé de manière aussi précise que possible dans un ouvrage que l'on appellera "référentiel".

Dans un second temps, la personne à former fait l'objet d'une évaluation destinée à savoir où elle en est dans le référentiel : quelles sont les connaissances acquises et quelles sont celles qui demeurent à acquérir ? L'apprentissage commence ensuite.

La personne en formation se voit alors invitée à effectuer des activités qui ont été définies à partir du point où on estime qu'elle est arrivée dans son apprentissage. Elle dispose pour ce faire du matériel adéquat dans le lieu de formation. Dans ce même lieu se trouvent d'autres personnes en formation qui travaillent avec ce même matériel, mais chacun à son niveau, ainsi qu'un formateur qui intervient s'il s'avère qu'un apprenant ne parvient pas à surmonter seul une difficulté.

L'évaluation finale permet de voir si les objectifs du programme ont été atteints.

Ce dispositif de formation, dont le côté rationnel peut séduire, suscite quelques inquiétudes a priori.

On peut se demander, en premier lieu, jusqu'à quel point il est possible de construire un référentiel, en particulier pour la langue française écrite. Cette construction suppose une science linguistique achevée, dont la publication sans cesse renouvelée de grammaires et de dictionnaires fait douter. Sur cette base incertaine, l'organisation ordonnée et uniforme des apprentissages paraît encore plus douteuse. Les échecs retentissants que connurent la traduction automatique et l'enseignement programmé font apparaître de tels dispositifs comme particulièrement problématiques.

Une seconde inquiétude concerne le poids conféré à la logique de la matière au détriment de la logique de l'apprenant. Il y a là, au fond, une tentative d'enseignement fondée sur la négation du sujet, puisque seul est pris en compte l'objet d'apprentissage. C'est sur de tels principes qu'a été construit un dispositif d'alphabétisation par correspondance. L'importance des taux d'abandon semble avoir été à la mesure de la démesure de l'entreprise. Pour ce qui est du sujet, et à ne considérer que sa motivation à apprendre, s'il apparaît que celle-ci est insuffisamment prise en considération dans les dispositifs classiques, elle est ici totalement ignorée. Ce fait nous paraît gros de bien des déconvenues à venir pour les constructeurs.

Sur un troisième plan enfin, quand le souci d'individualisation se traduit par une profonde désocialisation, on est en droit de penser qu'on a remplacé la peste par le choléra. Un apprentissage qui consiste à évaluer solitairement quelqu'un pour le faire ensuite évoluer solitairement aux côtés d'autres êtres également solitaires qui seront ses voisins d'études, comme on est voisin de quelqu'un dans un moyen de transport en commun, est une situation qui évoque irrésistiblement *Le meilleur des mondes.* Quand on sait que c'est d'exclusion sociale dont souffrent le plus souvent les personnes suivant ces formations, on ne peut que s'inquiéter, encore une fois, de voir à quel point le souci de l'acquisition des connaissances conduit à l'oubli de la dimension humaine, c'est-à-dire sociale de l'apprentissage.

Notons alors, sans nous étendre davantage, que le commerce offre de plus en plus de dispositifs d'enseignement qui reposent sur un rationnel très proche de celui évoqué ci-dessus. Quand le groupe-classe allant à l'apprentissage, comme hier on allait à la manœuvre, cède la place à un dispositif dans lequel on effectue un apprentissage comme on pousse son caddie, on peut se demander si on a trouvé la bonne formule. Passer du modèle de l'unité militaire à celui de clients de supermarché ne constitue pas un progrès considérable. Au delà des excès de la classe conçue comme un groupe homogène défini par son niveau et de ceux des formes d'individualisation indiquées, une autre voie apparaît, construite autour de la notion de petits groupes.

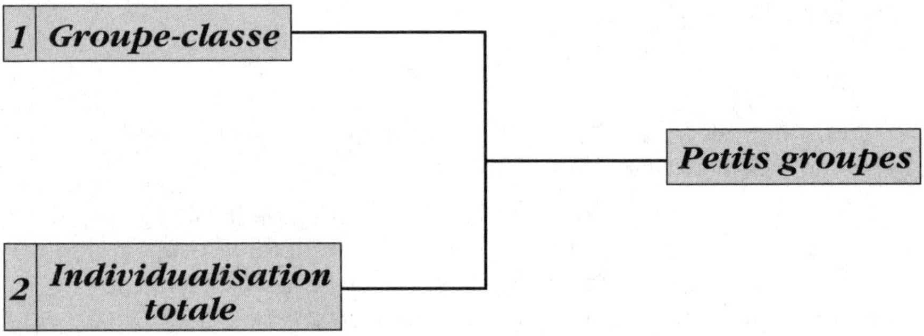

Petits groupes

Groupes homogènes

(organisation 3, dans le schéma, p. 36)

Une première formule de petits groupes a été expérimentée par beaucoup de maîtres désireux de trouver une alternative aux défauts de la classe de niveau. Elle consiste à faire éclater la classe en plusieurs groupes mais en conservant le principe constitutif de celle-ci, c'est-à-dire l'homogénéité du niveau.

Toutefois cette homogénéité ne vaut plus pour la classe entière, mais pour chaque petit groupe. On dispose dès lors de petits groupes dont chacun correspond à un niveau différent : des groupes faibles, des groupes moyens, des groupes forts. On parle alors de groupes homogènes, étant bien entendu que cette homogénéité est une homogénéité relative uniquement aux acquisitions.

Cette formule, qui a connu son heure de gloire, indique à quel point est forte la focalisation sur le niveau puisque, de fait, la formule adoptée ne fait guère que reproduire à petite échelle ce qui avait fonctionné jusqu'alors à l'échelle de la classe. Au fond, il n'y a que changement d'échelle, simple déplacement, car le principe fondateur sous-jacent n'a pas changé : pour pouvoir enseigner à un groupe d'enfants, il faut que ceux-ci soient du même niveau.

Les résultats ne se sont pas fait attendre trop longtemps. Venant de la recherche aussi bien que des observations des maîtres, il est apparu que le remède était pire que le mal. On s'est aperçu, en effet, globalement, que si les groupes composés d'enfants “forts” avançaient à grands pas, les groupes “faibles” s'enfonçaient inexorablement. Par voie de conséquence, l'écart se creusait de plus en plus entre les deux parties extrêmes de la classe. L'élitisme, que l'on fuyait, apparaissait alors à son paroxysme. Ce dispositif grossissait jusqu'à la caricature ce qui était moins aisément perceptible dans un grand groupe comme le groupe-classe. Bien des maîtres, effrayés, sont donc revenus à la formule traditionnelle.

Cette formule est tellement en harmonie avec la façon de penser habituelle des maîtres qu'elle peut même apparaître comme une étape nécessaire à tout véritable changement : il faut avoir expérimenté dans sa classe ce à quoi conduit la logique de l'homogénéité du niveau pour pouvoir se diriger vraiment vers une autre formule.

Groupes hétérogènes

(organisation 4, dans le schéma, p. 36)

D'autres maîtres, soucieux de ne pas jeter le bébé avec l'eau du bain, ont également adopté la formule du travail en petits groupes, mais en faisant en sorte que ces groupes soient hétérogènes. Il y a là plus qu'un changement de structure car, en procédant ainsi, on renonce au principe fondateur de l'homogénéité du niveau comme base du travail du maître. On ne s'étonnera donc pas de voir que ce dispositif n'ait pas connu le succès du précédent. Le précédent avait dû son succès au fait que, sous un changement apparent, l'essentiel demeurait, alors que celui-ci, sous un changement apparemment du même ordre, constitue un véritable changement de point de vue pédagogique.

Si cette formule n'a pas été largement diffusée, c'est pour la raison indiquée, mais sans doute aussi pour une raison d'ordre ergonomique. Quand on observe, en effet, un maître qui travaille de cette façon, on ne peut qu'être frappé par la dépense d'énergie qu'elle exige de sa part.

Ce que l'on observe d'ordinaire, c'est un enseignant absorbé dans son travail avec un groupe et sollicité par un enfant d'un autre groupe, puis par un autre. Si l'enseignant répond immédiatement à la demande qui lui est faite, le groupe qu'il abandonne s'arrête aussitôt de travailler en attendant qu'il revienne. S'il diffère sa réponse en disant qu'il viendra dès qu'il aura fini, c'est l'enfant qui le demande qui s'arrête en attendant sa venue. Dans les deux cas, le déficit en terme de temps de travail est patent, et tout enseignant averti, étant particulièrement économe du temps de travail des élèves, ne peut être satisfait. Par ailleurs, si l'enseignant reste avec le groupe, sa position est particulièrement inconfortable car il ressent la pression de l'enfant qui l'attend. Le plus souvent d'ailleurs, ce n'est pas un enfant qui l'attend mais plusieurs et il n'a le choix qu'entre décevoir les uns ou décevoir les autres, tout en étant soumis à une pression incessante. Le plus souvent, l'enseignant court ainsi de table en table et c'est pourquoi nous parlons ici de modèle du garçon de café. Ce dispositif, extrêmement coûteux dans son exécution, et dont l'efficacité, en temps de travail des élèves, n'est pas assurée, explique que, par hygiène personnelle et par souci ergonomique, bien des enseignants lui préfèrent le système de la classe traditionnelle.

C'est donc, en pleine conscience de ces difficultés, que nous avons cherché un dispositif qui permette à la fois à l'enseignant de ne pas être soumis simultanément à des demandes multiples, aux enfants d'être aussi actifs que possible, et qui permette également de rompre la relation de dépendance qui s'instaurait dans le dispositif évoqué entre les enfants et l'enseignant. La formule trouvée est celle des ateliers tournants.

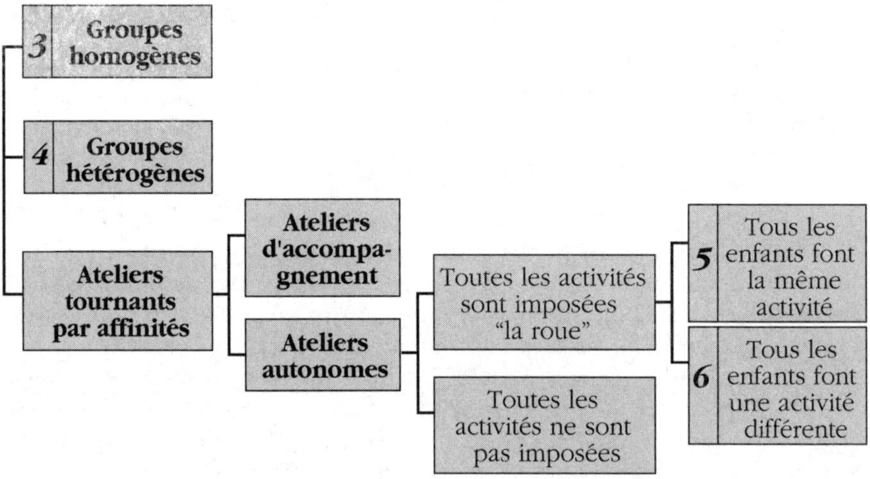

Ateliers tournants

Cette formule part de ce qui, selon nous, constitue le fondement des apprentissages en situation scolaire c'est-à-dire le fait que la classe est constituée d'un ensemble de personnes en relation les unes avec les autres. Le point de départ n'est donc pas le niveau des acquisitions mais celui des relations sociales.

Pour constituer les groupes, on s'intéressera donc à ce facteur qui nous paraît premier, plutôt qu'aux acquisitions qui nous paraissent en découler. Il s'agit donc de constituer des groupes homogènes mais des groupes homogènes sur le plan socio-affectif. Ces petits groupes sont constitués à partir des souhaits exprimés par les enfants au moyen de l'épreuve sociométrique décrite plus haut.

Celle-ci, rappelons-le sommairement, consiste à demander individuellement à chaque enfant le nom de trois enfants avec qui il voudrait travailler et le nom de trois enfants avec lesquels il ne voudrait pas travailler. La même demande est faite pour le jeu. On dispose donc de douze réponses par enfant à partir desquels un logiciel de sociométrie produit tous les groupes possibles de quatre enfants. Il s'agit des enfants qui, au mieux, se sont choisis les uns les autres et, au pire, ne se sont pas rejetés. Il appartient alors à l'enseignant de choisir parmi ces propositions les groupes de travail qu'il préfère, à l'aide de critères complémentaires.

Tous les enfants sont alors répartis en groupes de quatre. Les enseignants qui mettent en place ces groupes soulignent toujours qu'ils ont très rapidement pour effet de produire d'importants changements dans le climat de la classe: baisse de l'agressivité, échanges, coopération... Notons au passage que la construction de ces groupes, effectuée sur microprocesseur, est extrêmement facile et rapide et permet de renouveler leur composition quand le climat de la classe indique à l'enseignant que cette mesure est souhaitable. Ceci se produit environ deux fois par trimestre.

En ce qui concerne l'organisation du travail, on distingue deux types d'ateliers : un atelier d'enseignement (avec le maître) et des ateliers d'entraînement (sans le maître) : l'atelier qui, travaille avec l'enseignant est dit "atelier d'enseignement" ou, mieux, "d'accompagnement", en référence au rôle qu'y joue l'enseignant, et les autres ateliers sont dits "ateliers de travail autonome".

Une séance de travail en ateliers tournants consiste, du point de vue de l'enseignant, à passer d'un atelier à l'autre pour y conduire une activité, en divisant le temps dont il dispose par le nombre d'ateliers présents dans la classe. En pratique, l'enseignant "tourne" d'un atelier à l'autre, en consacrant un temps à peu près équivalent à chacun d'eux.

Atelier d'accompagnement

Pendant cette séance, l'enseignant demeure dans l'atelier d'accompagnement au lieu de superviser l'ensemble des groupes en intervenant à la demande des enfants, et donc de courir de table en table suivant le modèle du "garçon de café". Cette condition est essentielle car c'est du respect de celle-ci que découle la forme spécifique des interactions entre l'enseignant et les enfants. Pour y parvenir une règle est posée dès le départ : "On n'appelle pas le maître quand il travaille avec un autre atelier." L'enseignant peut dès lors se consacrer totalement au petit groupe d'élèves avec lequel il travaille et développer avec eux un maximum d'interactions.

C'est dans cet atelier que s'effectue l'enseignement des stratégies de lecture et d'écriture, à commencer par la lecture- découverte et l'écriture-découverte (fonction d'enseignement). Cette formule présente l'avantage d'amener l'enseignant à avoir des interactions plus équitablement réparties entre les élèves, du fait du petit nombre d'enfants dont il a à s'occuper simultanément (enseignement qualifié d'"intimiste" par certains). Elle permet également de voir plus précisément où en sont les enfants (fonction d'évaluation).

Au début, il est difficile à un maître intéressé par ce dispositif de conduire une activité dans un atelier d'accompagnement qui ne soit pas la reproduction pure et simple de son comportement habituel. Ses premières remarques soulignent, en effet, la fatigue qu'il éprouve à travailler de la sorte. Toutefois, l'observation montre que cette fatigue est imputable au fait qu'il reproduit en petit groupe sa façon de travailler en groupe-classe : au lieu de faire sa leçon à un seul groupe, le groupe-classe, il la fait plusieurs fois, de la même façon, à tous les groupes.

La situation évolue quand il voit qu'il n'y a aucune nécessité à procéder de la même façon avec chaque groupe mais qu'il y a intérêt, tout au contraire, à procéder différemment avec chacun d'eux. Pour y parvenir, il faut alors changer d'attitude et, au lieu de faire une leçon, c'est-à-dire d'apporter des connaissances que les enfants auront ensuite à appliquer (séquence type : leçon de grammaire, exercices d'application, contrôle par la dictée), il convient de leur présenter la situation comme une situation de problème à résoudre.

Dans ce cas, le problème ayant été présenté aux enfants (qui a écrit ce texte ? comment écrire ce mot ?....), toutes les réponses sont acceptables et toutes sont discutées tour à tour. L'enseignant ne vise plus alors à faire acquérir des connaissances mais, en animant le dialogue pour faire découvrir les réponses acceptables, à amener les enfants à construire les stratégies qui leur permettront de résoudre tout problème de ce type à l'avenir. C'est aux enfants qu'il revient d'effectuer l'apprentissage, l'adulte a pour rôle de les y aider. C'est pourquoi on parle plutôt d'accompagnement que d'enseignement.

En procédant de la sorte, l'enseignant ne se répète pas car chaque groupe d'enfants apporte des solutions différentes au problème posé... et sa fatigue disparaît pour laisser place à la curiosité. Dans une dernière étape, en effet, au fur et à mesure que l'enseignant s'efface devant les tentatives de réponse des enfants, il en vient à adopter de plus en plus une attitude d'observateur attentif aux comportements des enfants et curieux de comprendre leurs démarches d'appropriation de l'écrit.

Les ateliers autonomes

Pendant qu'un groupe travaille avec l'enseignant, les autres groupes travaillent de manière autonome. Ils effectuent, sans contrôle, diverses activités. Les tâches à réaliser en atelier autonome sont le plus souvent individuelles (lecture d'un livre, écriture d'un texte, travail sur fiches...). Parfois elles sont collectives (jeux de lecture, rédaction d'un texte, ...).

Dans ce type d'organisation de classe, l'enseignant peut également travailler individuellement avec les enfants les plus en difficulté. Cette formule, qu'autorisent les habitudes de travail autonome des élèves, peut aider à centrer sur la tâche les enfants qui n'y parviennent pas en situation collective.

Sur la base des deux principes d'organisation que constitue la construction de groupes fondés sur les affinités entre enfants et sur les ateliers rotatifs, deux variantes sont possibles.

Toutes les activités sont imposées

Une première variante, qui semble avoir des vertus structurantes, recourt à un dispositif matériel, appelé "la roue" par les enseignants. Celui-ci facilite l'organisation temporelle de la séance. La roue est, en fait, un couple de deux roues superposées. La plus grande des deux porte, sur chaque cadran, les noms des enfants de chaque groupe. Sur les cadrans de la plus petite, l'enseignant écrit chaque jour les activités à réaliser. À tout moment donc on peut lire quel groupe fait quelle activité. Chaque 10 ou 15 minutes, le maître tourne d'un cran la roue du dessus et indique ce faisant quelle activité est à réaliser par chaque groupe.

Dans une séance de travail ainsi conçue, tous les enfants doivent travailler à un ensemble de tâches définies à priori par l'enseignant. Il existe cependant deux façons de procéder.

Dans chaque groupe, tous les enfants font la même activité.

(organisation 5, dans le schéma, p. 36)

Suivant cette formule, plus proche de la tradition pédagogique, chaque atelier a une tâche déterminée à mener à bien : tous les enfants d'un atelier font la même chose mais la tâche varie d'un atelier à l'autre. Tous les enfants faisant la même chose en même temps, il apparaît souvent que les plus lents ont tendance à copier sur les plus rapides. La crainte que les plus lents soient ainsi amenés à ne jamais effectuer les efforts jugés nécessaires à l'apprentissage, n'apparaît pourtant guère fondée. À l'issue d'une observation systématique d'une durée d'un an (Furukawa, 1992), le fait de copier sur un enfant n'apparaît pas comme un comportement durable mais passager, que l'on peut même considérer comme nécessaire pour certains suivant une conception socio-constructiviste de l'apprentissage (Vygotski, 1985).

Dans chaque groupe, les enfants font une activité différente.

(organisation 6, dans le schéma, p. 36)

Suivant cette formule, le travail est organisé dans chaque groupe de telle sorte que, à un moment donné, tous les enfants effectuent un travail différent. Il suffit pour ce faire que, dans chaque atelier autonome, l'enseignant donne à tous les enfants un travail différent à réaliser. Il devient impossible aux uns de copier sur les autres. Ce qui frappe alors l'observateur c'est le changement qui s'opère dans les interactions entre enfants : le silence est plus important et les aides ont un caractère plus “désintéressé”. Cette formule, qui exige une intervention beaucoup plus autoritaire de l'enseignant (amené à tout instant à décider qui fera quoi), atteint là ses limites.

Bien que les enfants sachent que, s'ils n'ont pas terminé l'activité dans laquelle ils étaient engagés au moment où l'enseignant fait tourner la roue, ce fait ne sera pas sanctionné, la crainte que cette interruption ne soit frustrante pour les enfants ou induise un certain dilettantisme, a conduit à adopter alors une nouvelle variation du dispositif, sans roue.

Toutes les activités ne sont pas imposées

(organisation 7, dans le schéma, p. 36)

Le dispositif de la roue est relativement contraignant car les diverses activités à réaliser constituent autant d'ateliers par lesquels chaque groupe d'enfants doit passer tour à tour. C'est pourquoi certains enseignants préfèrent une variante des ateliers rotatifs qui diminue la contrainte que constitue la roue sur l'enseignant (tourner la roue d'un cran) et surtout sur les enfants (changer obligatoirement d'activité quand la roue tourne, que l'activité ait été ou non terminée).

Dans ce cas le choix des activités est laissé à l'initiative des enfants : chaque enfant est laissé libre de la nature et du nombre d'activités à réaliser dans le temps de travail autonome. En pratique, la roue n'apparaît plus et les activités prévues par l'enseignant pour la séance sont mises à la disposition des enfants, sur une table par exemple. Chaque enfant choisit donc une activité et l'effectue pendant le temps qui lui convient. Un enfant peut donc aussi bien réaliser la totalité des activités proposées que consacrer toute la séance à mener à bien une seule d'entre elles. Cette façon de procéder, laissant le plus de liberté à l'enfant, est apparue les mobiliser le plus. C'est donc à celle-ci que les enseignants les plus expérimentés se sont finalement ralliés.

En bref, à partir de l'idée fondamentale qu'on n'apprend pas à lire tout seul, la classe n'est plus conçue comme un ensemble d'individus différemment doués et réunis par hasard ou par suite de contraintes économiques, mais comme un groupe de personnes dotées de personnalités différentes qui entretiennent entre elles des relations qui vont de la sympathie à l'antipathie. L'essentiel n'est plus l'intelligence mais la vie sociale, et l'essentiel n'est pas davantage la personne mais les relations entre les personnes.

De cette position découle une certaine organisation de la classe qui consiste à réduire au minimum les temps de travail en classe entière pour lui préférer une structure en petits groupes, et à construire ces petits groupes non pas sur la base du niveau atteint dans l'apprentissage (groupes de niveau) mais sur la base des affinités. Un outil de travail, la sociométrie, permet de construire très facilement ces groupes à partir des choix des enfants et de les renouveler autant de fois qu'on le juge nécessaire.

Une organisation en ateliers tournants permet au maître de travailler en profondeur avec un groupe tandis que les autres groupes travaillent de manière autonome. Différentes formules de travail en ateliers tournants sont possibles. Celle qui semble la plus satisfaisante consiste à laisser les enfants maîtres du choix des activités à réaliser en atelier autonome, dans leur nature et dans leur nombre. Ces séances de travail ont généralement lieu deux fois par jour, une fois en français et une fois en mathématiques.

Les observateurs des classes qui travaillent ainsi mettent toujours l'accent sur la différence de climat que l'on y observe par rapport aux classes habituelles : sérénité, activité, climat agréable, etc. À quoi peut-on attribuer ces différences ?

- à la continuité qui s'opère entre la vie hors de l'école et la vie à l'école : de même que hors de la classe les enfants parlent aux autres enfants, ils leur parlent aussi en classe ;
- au rôle des interactions sociales : dans une structure de travail en groupe, les interactions sociales se développent librement et jouent un rôle facilitateur car, contrairement à ce que l'on croit en général, il est plus facile d'apprendre dans un contexte d'échanges que de manière solitaire ;
- à un effet de facilitation socio-affective : on travaille mieux avec des personnes que l'on a choisies que seul ou avec des personnes que l'on n'a pas choisies ;
- aux relations entre enfants : passage de la compétition à la coopération.

Par exemple, dans une structure de groupe-classe, poser une question à la classe revient à mettre tous les enfants en situation de compétition : qui va fournir le premier la bonne réponse ? Ce dispositif engendre des phénomènes de comparaison sociale entre enfants. Les plus rapides ont tendance à développer des attitudes de supériorité et les plus lents des sentiments de dévalorisation pouvant aller jusqu'au retrait.

Dans une structure de petit groupe, un enfant en difficulté recourt à un référentiel ou demande de l'aide à un voisin, sans que ceci soit stigmatisé socialement.

- Relations maître-élève : de la dépendance à l'autonomie ; l'apprentissage est ressenti par l'enfant comme relevant de sa responsabilité et non comme une obligation issue de la volonté de l'adulte.

D'où viennent les connaissances ?

Notre champ de préoccupation est celui de l'entrée dans l'écrit, c'est-à-dire de la phase d'apprentissage qui s'achève quand l'instituteur dit "Ça y est, il sait lire" ou "Ça y est, il est parti". Les plus rapides ont achevé cette phase en quelques mois. Les plus lents n'y parviennent qu'après des mois ou des années d'école. Quand, dans les classes de milieu défavorisé où nous travaillons en recherche-action, tous les enfants y parviennent en fin de deuxième année, c'est que la partie est gagnée.

Cette phase d'apprentissage ne recouvre pas, loin s'en faut, l'ensemble de ce qui constitue l'acquisition de la langue écrite, mais c'est celle qui nous intéresse en priorité car les obstacles que l'enfant y rencontre paraissent sans commune mesure avec ceux qu'il rencontrera ultérieurement et qu'il semble bien que, si cette phase est traversée trop douloureusement, les conséquences s'en feront sentir très longtemps.

Les problèmes que rencontre l'enfant au cours de cette période sont, nous semble-t-il, de deux types. Certains sont très liés à la situation scolaire, nous les avons évoqués plus haut, alors que les autres concernent spécifiquement l'objet d'apprentissage. C'est à ces derniers seulement que nous nous intéresserons maintenant.

Avant d'aborder le problème de l'entrée dans l'écrit, il est nécessaire d'effectuer préalablement un large détour par les théories de la connaissance. À la question générale : "D'où vient la connaissance ?", il y a trois réponses épistémologiques possibles.

La position empiriste

Le mot vient de *empirie*, expérience. On le retrouve dans l'expression "avoir de l'expérience". Hume est le philosophe auquel on rapporte cette conception.

Elle consiste à considérer que la connaissance toute entière provient de l'expérience. On connait la formule classique : *Nihil est in intellectu quod non fueri prius in sensu* (il n'y a rien dans l'esprit qui ne soit auparavant passé par les sens).

En termes plus modernes, on pourrait dire que, pour l'empirisme, tout est appris. Toute la connaissance vient de l'extérieur du sujet. Au départ, l'esprit est une *tabula rasa* (table rase) et l'expérience vient la remplir. La comparaison de l'esprit à une cire molle que l'expérience viendra marquer de son empreinte est également employée.

C'est une position très forte, la plus forte dans le sens commun. Elle s'exprime par des propositions du genre "Tout vient de l'éducation" ou "On apprend à force de répétitions" (cf. l'image de la cire molle), "C'est une question d'habitudes", voire "Vous me le copierez cent fois".

Le courant qui exprime le mieux cette tradition de pensée en psychologie ont été l'associationnisme puis le behaviorisme de Skinner et les différentes variantes du néo-behaviorisme. Tout ce que sait le sujet provient de son expérience et, plus précisément, de ses apprentissages.

La tâche du psychologue chercheur est alors de découvrir ces lois de l'apprentissage et du conditionnement et celle du psychologue praticien de les utiliser. C'est une perspective extrêmement forte parce que claire et efficace. Elle domine, sous des formes renouvelées, la recherche et la pratique de la psychologie américaine.

La position rationaliste

Son nom vient du mot *raison*. Elle place la raison, l'esprit, et non l'expérience, *l'empirie*, au point de départ de la connaissance.

Sous sa forme absolue, elle considère que l'esprit, loin d'être vide au départ, comme le pensent les empiristes, possède en fait des connaissances antérieures à toute expérience, ou des moyens, des principes, pour acquérir les connaissances. On peut se rapporter alors à la notion d'"Idées" chez Platon, d'"Idées Innées" de Descartes, ou aux "formes a priori" de Kant. On peut songer ici à la notion de "nature humaine".

L'inné occupe donc ici la place qu'occupe l'apprentissage chez les empiristes. L'accent principal est sur l'intérieur, le sujet, et non sur l'extérieur, l'expérience.

Dans le sens commun, la reconnaissance de savoirs instinctifs et réflexes, la croyance aux dons, sont deux points d'application de cette position.

Dans le domaine scientifique, le linguiste Chomsky se situe dans ce cadre. Ses propositions provocatrices sur l'innéité du langage ont eu des effets très dynamisants dans la recherche psycholinguistique : la controverse majeure, relative à l'acquisition du langage, oppose ceux qui considèrent avec Skinner que le langage de l'enfant est appris en suivant les lois de l'apprentissage (empirisme), et ceux qui pensent avec Chomsky qu'il provient de l'émergence de grammaires successives (rationalisme).

La position de l'interactionnisme ou du rationalisme relatif

Cette position s'efforce de conjuguer les apports des deux positions antérieures et considère donc que que la connaissance provient à la fois de l'expérience et du sujet.

Plutôt que de dire que “tout est acquis” ou que “tout est inné”, elle préfère considérer que “le sujet se construit”, c'est-à-dire qu'il existe au départ des potentialités innées (rationalisme) dont le développement sera fonction de l'expérience (empirisme). Autrement dit, les deux termes, expérience et sujet, sont indispensables.

En bref, sur un exemple biologique simple, pour qu'une graine devienne une plante,

1. il faut qu'elle soit une graine déterminée et contienne donc le programme de développement de la plante correspondante,

2. mais il lui faut aussi de la lumière et de l'eau.

Il faut néanmoins préciser que, dans le cas de la connaissance, une comparaison biologique n'est pas suffisante car elle ne rend pas compte d'une dimension essentielle de la notion de constructivisme, l'idée d'action. Ce n'est pas passivement, en effet, que la connaissance s'élabore, mais par suite de l'action du sujet. La théorie du développement de Piaget est le meilleur exemple d'une théorie constructiviste de la connaissance en psychologie aujourd'hui.

Pour une discussion des différentes positions, on peut consulter les actes du Colloque de Royaumont : *Théories du Langage et théories de l'apprentissage* (1979) où on trouvera, en particulier, un débat sur ce thème entre Piaget et Chomsky.

Se demander, comme nous l'avons fait au départ, comment les enfants apprennent à lire est une façon de poser le problème qui centre la réflexion exclusivement sur la lecture. Cette façon de parler nous paraît restrictive. Si l'on veut bien admettre qu'elle n'est pas due au hasard, il peut être intéressant, dans un premier temps, d'en rechercher l'origine puis, dans un second temps, de chercher une formulation plus satisfaisante de la question étudiée.

Comment apprend-on à lire ?

Position empiriste

Selon celle-ci, l'enfant apprend comme on lui a enseigné.

Il existe deux variantes de cette position :

• celle des pédagogies traditionnelles ;
selon celles-ci l'enfant forme des associations :

signe-son
graphème-phonème
écrit-oral

C'est la variante "orale" de l'apprentissage de la lecture. Celui-ci apparaît comme un apprentissage des règles de correspondance oral-écrit ; c'est l'appprentissage du "déchiffrage", la "méthode synthétique".

• celle des pédagogies dites "modernes" ;
selon celles-ci l'enfant forme des associations globales :

signe-sens
graphème-concept
écrit-pensée

C'est la variante "sens" de l'apprentissage de la lecture. Celui-ci apparaît comme un apprentissage du sens de l'écrit ; on parlait hier de "méthode globale", aujourd'hui on a plutôt repris le terme de "méthode idéo-visuelle".

Position rationaliste

Potentiellement présente, elle s'affirme assez peu explicitement car l'affirmer revient pour le pédagogue à nier la pédagogie c'est-à-dire à scier la branche sur laquelle il est assis.

Cependant, une étude attentive en ferait sans doute apparaître des traces, dans certains courants de "Pédagogie Nouvelle" comme l'AFL en France, Open Education en Angleterre, Language Experience Approach aux Etats Unis et Lecture Génétique en Israël. Dans ces cas, la représentation que l'on se fait de l'entrée de l'enfant dans l'écrit conduit à des pratiques pédagogiques qui maximisent le rôle de l'enfant et minimisent celui de l'enseignant. On est alors très proche alors d'une position rationaliste. Que l'on pense, par exemple, au sous-titre du livre de Ferreiro (1988) : "*Comment ils s'apprennent à lire*".

Position constructiviste

Celle-ci s'exprime en terme d'appropriation de la langue écrite. Elle prend le contrepied de la pédagogie empiriste dominante.

Elle vise à mettre le projecteur sur ce que fait l'apprenant. La position empiriste dominante avait jusqu'ici empêché de le prendre en considération. Les discussions sur l'apprentissage de la lecture n'étaient en fait que des discussions sur l'enseignement de la lecture.

Avec les travaux de lecture génétique (Downing et Fijalkow, 1984 ; Ferreiro, 1988), les premières recherches apparaissent qui permettent enfin de distinguer l'enfant derrière le pédagogue.

La position de principe est que chaque enfant reconstruit, réinvente activement, chacun pour son compte, la langue écrite. Il ne la reçoit ni passivement, ni comme un don des fées, mais la reconstruit en formulant des hypothèses, des théories, et en les testant. Si elles sont fausses, il les modifie.

D'où les questions :

- quelles sont les hypothèses des enfants, les représentations qu'il élabore, les stratégies auxquelles il recourt ?

- comment s'ordonnent-elles dans le temps ? Quelles sont les étapes de la genèse de la langue écrite chez l'enfant ?

On peut tracer un tableau contrasté des deux principales positions épistémologiques que nous avons évoquées en faisant appel à six critères successifs.

1. L'accent

- *pour l'empirisme* : il est mis sur l'enseignement, la méthode, le maître ;

- *pour le constructivisme* : il est mis sur l'apprentissage, l'enfant, les activités cognitives de l'apprenant.

2. Le statut de l'erreur

- *pour l'empirisme* : c'est une "faute" (un manque de connaissances) ;

- *pour le constructivisme* : c'est une "méprise", c'est-à-dire une connaissance originale construite par l'enfant à partir d'un système personnel de règles. Exemple : l'enfant écrit *abt* pour *habiter*.

3. L'attitude de l'adulte

- *pour l'empirisme* : elle est normative (bien ou mal) ;

- *pour le constructivisme* : elle est scientifique, c'est-à-dire descriptive-explicative (en réponse à la question "comment").

4. L'attitude de l'apprenant

- *pour l'empirisme* : passivité, conditionnement, associations, imitation, généralisation ;

- *pour le constructivisme* : activité ; l'apprenant catégorise, établit des relations, construit des hypothèses, cherche des régularités, réinvente la langue écrite.

5. Les unités d'écrit

- pour l'empirisme : elles sont données toutes faites ;

- *pour le constructivisme* : elles sont à redécouvrir, par hypothèses successives sur l'objet écrit, ses fonctions et ses propriétés.

6. La progression dans l'apprentissage

- *pour l'empirisme* : elle va du simple au complexe, du facile au difficile, du concret à l'abstrait (logique de l'adulte) ;

- *pour le constructivisme* : elle s'effectue suivant les caractéristiques de la pensée enfantine (logique de l'enfant).

Les pratiques pédagogiques apparaissent donc, à l'analyse, comme fondées sur des choix épistémologiques qui demeurent généralement implicites chez les acteurs. Celles qui seront présentées tout au long de cet ouvrage reposent sur le choix explicite d'une épistémologie constructiviste.

NB *Il existe une contradiction principale entre les deux attitudes épistémologiques majeures et une contradiction secondaire entre les méthodes pédagogiques. On peut distinguer, à l'intérieur d'une position empiriste, des démarches pédagogiques très différentes. Une analyse prenant en considération ces différences pédagogiques, et croisant donc des critères pédagogiques avec des critères épistémologiques, est nécessaire pour nuancer ce qui précède. Elle n'est pas aisée à faire car les positions ne sont pas toujours explicites.*

Apprendre quoi ?

On pourrait penser que définir uniquement en termes de lecture ce qui est à apprendre se justifie, sur un plan psycholinguistique ou pédagogique, en considérant, par exemple, que la lecture est plus facile à apprendre que l'écriture. Sans exclure que ce type d'opinion ait joué un rôle dans la prédominance de la lecture sur l'écriture, là ne semble pourtant pas être le facteur principal.

Si, lors de l'apprentissage, la lecture est invoquée plutôt que l'écriture ce n'est sans doute pas essentiellement pour des raisons de ce type mais plutôt pour des raisons d'ordre historique : en effet, définir l'apprentissage par référence exclusive à la lecture n'est pas une décision récente reposant sur des recherches psycholinguistiques ou pédagogiques, mais plutôt le résultat d'une tradition historique.

Si l'on réfléchit alors sur ce qui pourrait fonder, à l'origine, cette tradition, on est renvoyé à des raisons d'ordre fonctionnel. On peut penser en effet que, dans un état de société antérieur, la maîtrise de la lecture importait plus aux contemporains que celle de l'écriture. Savoir-lire c'était pouvoir accéder aux textes sacrés. De fait, il est clair que l'activité religieuse, dans le contexte judéo-chrétien, repose largement sur une référence permanente aux textes fondamentaux.

Il serait intéressant également d'examiner, sous cette hypothèse, si la pratique de la lecture est plus importante que celle de l'écriture dans les échanges commerciaux, dont on sait qu'ils ont joué un grand rôle dans le développement de la langue écrite.

La raison pour laquelle tel ou tel comportement est jugé plus important qu'un autre est donc à mettre en rapport avec la fonction qu'il revêt à un certain moment de l'évolution sociale. Au Moyen Age, on le ressent à la lecture de *Au nom de la rose*, la copie a une importance capitale, peut-être plus importante même, dans certains cas, que la lecture ou l'écriture. Aujourd'hui, socialement, la lecture est considérée comme l'activité de traitement de l'écrit la plus importante. Mais le degré d'importance sociale n'a rien à voir avec le degré d'importance psycholinguistique.

On peut donc supposer, mais il appartient à l'historien de le dire, que si la lecture est première dans l'apprentissage, c'est avant tout parce que ses fonctions sociales l'ont longtemps emporté sur celles de l'écriture. Au fondement de l'ordre actuel des priorités, on peut donc soupçonner des motivations d'ordre historique plutôt que psycholinguistique ou pédagogique. Ceci nous amène alors à tenter de définir plus précisément ce qui est à apprendre dans ce que l'on appelle couramment "l'apprentissage de la lecture". Nous distinguerons trois réponses possibles.

Deux apprentissages distincts

Une première réponse possible consiste à dire que les enfants ont à apprendre la lecture et l'écriture. On considère dans ce cas que la lecture et l'écriture constituent deux entités distinctes sur le plan psycholinguistique. On peut donc apprendre l'une ou l'autre.

De fait, les historiens nous rapportent que, en France, pendant toute une période, seule la lecture était enseignée (Furet et Ozouf, 1977). L'écriture n'avait nulle place dans l'enseignement. On ne saurait rêver meilleure démonstration d'une conception en vertu de laquelle la lecture est une chose et l'écriture en est une autre : l'existence de cette dissociation historique est une véritable preuve expérimentale de cette façon de voir.

Cette position est-elle historiquement datée, c'est-à-dire totalement dépassée aujourd'hui ? Assurément non. Sous réserve d'examen attentif de l'opinion, il est vraisemblable que des personnes ayant peu réfléchi à la question épousent de manière naïve la position dualiste évoquée ci-dessus. On peut en prendre pour preuve le fait que si, aujourd'hui, on n'enseigne plus la lecture seulement, c'est bien à la seule lecture pourtant que l'on réserve les premiers temps de l'enseignement. Jadis on enseignait la lecture et on s'en tenait là, aujourd'hui on enseigne la lecture et, plus tard, l'écriture. Ainsi les deux enseignements demeurent-ils bien séparés. Accepter cette séparation dans le temps, c'est demeurer en accord avec la position dualiste. La situation actuelle est sans doute, historiquement, dans la continuité de la situation où seule la lecture était enseignée.

Une manifestation exemplaire d'une telle dissociation des deux activités est apparue dans cette étude commandée en 1988 à un institut de sondages par le GPLI. Les conclusions ont fait apparaître 4 % de personnes ayant uniquement des "problèmes de lecture", 11,5% ayant uniquement des "problèmes d'écriture", et 6,3 % de personnes ayant des "problèmes d'écriture et de lecture". Toute la presse française a rapporté sans broncher ces résultats. Personne n'a réagi au non-sens consistant à énoncer qu'il existe des personnes en difficulté en lecture mais capables d'écrire (4 %) ! À l'origine de ce non-sens se trouve le fait de considérer la lecture et l'écriture comme deux entités distinctes. Ceci permet alors de raisonner formellement et de produire alors des sous-ensembles dont l'un est, en fait, cognitivement impossible.

Un seul apprentissage

La seconde réponse consiste à dire que ce qui est à apprendre c'est une seule chose, la langue écrite, et non pas deux choses, la lecture et l'écriture.

Cette façon de définir les objectifs d'apprentissage apparaît particulièrement bien dans les travaux de Ferreiro (1988). Dans cette perspective, et, pour mieux affirmer l'unité de l'objet d'apprentissage, on ne parlera plus de "lecture" et d'"écriture" mais de "lectoscrita" ("lectiture"). L'auteur distingue certes des activités d'"interprétation" (lecture) et de "production" (écriture), mais sans s'intéresser à leur spécificité. Dans ce changement de dénomination, on peut voir le souci de mettre l'accent sur la nature de l'activité demandée à l'apprenant, mais aussi, sans doute, celui d'effacer des distinctions jugées secondaires. Lecture et écriture sont mises sur le même plan, ce sont des comportements parmi d'autres, ils n'importent pas plus que d'autres comportements mettant en oeuvre la langue écrite.

À la différence donc de la position précédente, caractérisée par sa volonté de traiter lecture et écriture comme deux objets différents, le parti est pris ici de mettre tous les comportements sur le même pied, en parallèle en quelque sorte, afin de mieux se consacrer à ce qui est jugé essentiel, la façon dont les enfants réinventent la langue écrite.

Un seul apprentissage, mais plusieurs niveaux cognitifs

La troisième réponse repose, comme la précédente, sur le principe que ce qui est à apprendre est bien la langue écrite et non des comportements séparés comme le déclare la première réponse présentée. Mais elle considère toutefois qu'il faut, en outre, prendre en considération la spécificité des différents comportements relatifs à l'écrit, et tout spécialement ceux de lecture et d'écriture.

Cette troisième réponse contient donc des éléments provenant des deux autres. De la première position, on retient que les différences entre les activités de lecture et d'écriture doivent être prises en considération, et de la seconde position, que c'est la langue écrite qui est l'objet de l'apprentissage et non pas des comportements séparés. L'objet d'apprentissage est donc unitaire mais pas uniforme : les décalages entre les comportements qui le mettent en jeu font partie de l'objet d'étude.

Deux exemples permettront de mieux voir ce qui différencie la troisième conception de la seconde et, au-delà de la différence entre lecture et écriture, la nécessité qu'il y a à ne considérer l'acquisition de la langue écrite ni comme une seule acquisition, ni comme une double acquisition, mais comme une succession de niveaux d'appropriation de l'objet langue écrite.

Signalement et verbalisation

Une des tâches expérimentales de Ferreiro (1988) consiste à présenter une phrase à des enfants de première année d'école élémentaire et à leur demander, suivant un protocole précis, de verbaliser et de signaler les mots de la phrase.

En situation de verbalisation, l'expérimentateur montre un mot à l'enfant et lui demande de le verbaliser. En situation de signalement, l'expérimentateur verbalise lui-même un des mots de la phrase et demande à l'enfant de le lui montrer. Formellement, c'est-à-dire du point de vue de l'adulte, les deux situations sont l'inverse l'une de l'autre.

L'analyse des résultats, réalisée par Ferreiro, s'appuie indistinctement sur les réponses fournies tour à tour par l'enfant en verbalisation et en signalement. Elle fait alors apparaître des types de réponses différents qui, l'étude étant longitudinale, amènent l'auteur à proposer une progression génétique.

Quand on examine attentivement les réponses des enfants, on s'aperçoit pourtant que les signalements et les verbalisations ne se situent pas au même niveau : il est clair que l'enfant peut signaler un mot alors qu'il ne parvient pas à le verbaliser. En termes génétiques, on pourrait dire que le signalement précède la verbalisation et qu'en interrogeant l'enfant de cette façon, on ne recueille pas deux éclairages parallèles sur le même objet, mais plutôt deux compétences de niveau cognitif différent, deux compétences décalées dans le temps.

Un traitement, mettant sur le même plan deux informations de niveaux différents, se prive donc d'une information utile et comporte des risques d'erreur. Plusieurs études longitudinales menées dans notre équipe (Cazes et Soudin, 1990, 1991; Ragano, 1990) nous ont effectivement permis de vérifier que le signalement et la verbalisation ne sont l'inverse l'un de l'autre que du point de vue de l'adulte expert, mais qu'elles constituent pour l'enfant deux demandes de niveau cognitif différent et représentent donc, sur le plan génétique, deux niveaux successifs de maîtrise de l'écrit.

Hors d'un contexte de recherche, dans d'autres circonstances, il arrive couramment de rencontrer des enseignants de CP ou de CE1 ou des parents qui affirment que tel ou tel enfant "ne sait rien", qu'il "n'a rien appris du tout". Qu'un enfant ait passé des mois dans une classe et n'ait rien appris paraît impossible. On peut le démontrer aisément au pédagogue ou au parent trop négatif. Il suffit pour cela de prendre un écrit quelconque travaillé en classe et, énonçant à haute voix un mot, de demander à l'enfant de le signaler dans le texte. L'expérience peut être répétée à plusieurs reprises avec des mots différents et toujours avec le même succès : l'enfant signale les mots énoncés. On peut parfois aller jusqu'à prendre un texte non travaillé par l'enfant et obtenir à nouveau, en signalement, des résultats très satisfaisants pour des mots rencontrés par ailleurs par l'enfant. Par contre, montrer ces mêmes mots et demander à l'enfant de les verbaliser, s'avère impossible, ce qui montre bien que ces deux demandes ne sont pas au même niveau cognitif.

Le bonheur évident de l'enfant et la perplexité non moins évidente du parent ou du pédagogue font apparaître à quel point la notion de lecture demeure confuse dans les esprits, la distinction entre le signalement (qui n'est pas la lecture proprement dite) et la verbalisation (qui est la lecture à proprement parler) étant ignorée. Le signalement et la verbalisation se situent bien à des niveaux cognitifs très diférents. Réussir à l'un ne signifie nullement réussir à l'autre. Pour comprendre comment l'enfant acquiert la langue écrite, ce type de distinction est nécessaire.

Réception et production

La lecture est une activité de réception qui implique avant tout des activités d'identification visuelle et des activités de compréhension. Expliquer la lecture amène donc à recourir à un modèle cognitif général de réception de l'information, dont la lecture n'est qu'un cas particulier - celui où l'information apparaît sous une forme visuelle (ou tactile dans le cas des aveugles utilisant le Braille) - et est de nature linguistique.

L'écriture est une activité très différente de la lecture. C'est pourquoi il est erroné de la considérer comme l'envers de la lecture. Le schéma classique de la communication, valable sur le plan physique, ne l'est donc pas sur le plan psycholinguistique. Expliquer l'écriture amène donc à recourir à un modèle cognitif général, qui est alors un modèle de production de l'information, dont l'écriture n'est qu'un cas particulier - celui où l'information apparaît sous une forme visuelle (ou en relief dans le cas des aveugles utilisant le Braille) - et est de nature linguistique.

Pour expliquer la lecture et l'écriture, il paraît donc souhaitable, dans un premier temps, de les considérer comme des cas particuliers de situations de réception et de production. L'avantage qu'il y a à mettre l'accent sur cette appartenance à la classe générale des situations de réception et de production, c'est de pouvoir déduire du modèle général des propriétés valables pour les cas particuliers.

On sait que, de manière générale, pour un objet donné, il existe un décalage constant entre réception et production en faveur de la réception. À titre d'exemples dans le domaine du langage, un bébé comprend ce qu'on lui dit bien avant de pouvoir parler et, lors de l'apprentissage d'une langue seconde, faire une version est plus facile que faire un thème. De ceci résulte que, lors de l'acquisition de la langue écrite, un écrit quelconque devrait pouvoir être lu avant de pouvoir être écrit.

Une situation pédagogique simple permet de faire apparaître ce décalage entre la lecture et l'écriture. Elle est, d'une certaine façon, l'inverse de la précédente. Dans le cas du signalement et de la verbalisation, l'adulte pouvait avoir l'impression que l'enfant "ne sait pas". Il s'agit de montrer maintenant qu'il peut penser que l'enfant "sait" et être démenti par les faits.

La situation consiste, pour un enseignant, à écrire un mot qu'il considère "connu" par les enfants. Pour l'enseignant, dire que ce mot est "connu" par les enfants, revient à s'assurer qu'ils savent le lire. S'il en est ainsi, il pensera, tout naturellement, que si, les enfants savent le lire, ils savent aussi l'écrire et c'est pourquoi il dit couramment que tel mot est "connu".

La démonstration consiste alors à cacher ou à effacer le mot que les enfants viennent de lire et, après quelques secondes de délai, à demander aux enfants de l'écrire. Quand on examine alors ce que les enfants ont écrit, on se rend compte que, dans un certain nombre de cas, la production effectuée n'a que de lointains rapports avec le mot initial : des enfants qui savaient lire le mot ne savent pas l'écrire. L'enseignant, étonné, prend alors conscience que, à un certain niveau, savoir lire n'implique pas automatiquement savoir écrire et peut admettre à nouveau que la connaissance de la langue écrite comprend bien des degrés insoupçonnés.

Certes la situation ici évoquée est une situation particulière, une situation d'écriture différée et la mémoire immédiate y joue un rôle certain, mais il apparaît que, de manière générale, le décalage observé ici entre lecture et écriture existe de manière générale. Un modèle d'apprentissage de la langue écrite doit nécessairement lui faire une place.

On ne peut donc pas se contenter de dire que les enfants ont à apprendre à lire. Ce qu'ils ont à apprendre est à la fois moins (cf le signalement) et plus que cela (savoir écrire). Ils ont à apprendre la langue écrite, en tenant compte du fait que les comportements où elle intervient présentent des décalages importants.

On considèrera donc qu'il existe un système, la langue écrite, et des comportements permettant de l'utiliser : lecture, écriture, copie et bien d'autres. Suivant cette conception, ces comportements se situent à des degrés de complexité cognitive différents et les comportements réussis en début d'apprentissage sont les plus simples, c'est-à-dire ceux dont les exigences cognitives sont les plus faibles, tandis que les comportements les plus élevés dans la hiérarchie sont les plus complexes, ceux dont la réalisation comporte une exigence cognitive maximale.

Ce qui différencie alors un comportement d'un autre, par exemple la lecture de l'écriture, c'est son niveau dans cette hiérarchie cognitive, c'est-à-dire son degré de complexité cognitive. On peut penser, de ce point de vue, que la lecture comporte une exigence cognitive moindre que l'écriture et est donc acquise plus tôt que celle-ci.

Ceci peut expliquer qu'on ait pu voir dans la lecture une activité autonome par rapport à l'écriture. Ceci peut expliquer aussi qu'on ait pu considérer que la lecture étant moins exigeante que l'écriture, il fallait l'enseigner en premier. Ce n'est pas notre point de vue. Nous y reviendrons ultérieurement.

Point de vue psycholinguistique

D'un point de vue psycholinguistique, il est difficile de concevoir que la lecture, et la lecture seule, puisse faire problème à l'enfant. La lecture, au sens strict, est un comportement consistant à opérer un certain traitement de l'écrit. Est-il possible d'apprendre seulement à lire ? C'est peu vraisemblable.

Pour une première raison : seuls, peuvent être appris isolément des comportements simples et peu exigeants sur le plan cognitif. Or l'acte de lire est un comportement qui implique beaucoup d'opérations et une participation cognitive très importante. Il ne peut donc être appris isolément, comme on apprendrait un jeu ou une technique professionnelle.

La deuxième raison est la suivante : parler de comportement c'est se situer à un niveau déterminé d'analyse, celui des observables. Si l'on va au delà de ce niveau superficiel, il est intéressant de se demander ce que le sujet construit pour pouvoir lire.

Il apparaît alors que, pour lire, le sujet construit une compétence qui dépasse, et de loin, la compétence nécessaire à la seule lecture. Pour pouvoir lire le sujet doit construire une compétence générale et beaucoup plus abstraite que celle nécessaire à la seule lecture. Cette compétence, que l'on peut appeler la compétence en langue écrite, lui permet alors d'effectuer toutes sortes de traitements de l'écrit et pas seulement ceux que demande la lecture. Un sujet, qui sait vraiment lire, sait beaucoup plus que lire car savoir vraiment lire n'est pas seulement savoir lire.

Il est vraisemblable que, au temps où on enseignait à lire uniquement et non pas à écrire, les sujets en savaient beaucoup plus que ce que l'on supposait. En particulier, un bon lecteur était sans doute capable de productions écrites d'un certain niveau, mais il n'avait pas l'occasion de le manifester.

Pour bien comprendre ce qu'est l'apprentissage de la lecture, il faut donc le concevoir comme une des manifestations d'un savoir beaucoup plus fondamental, un peu comme la partie visible d'un iceberg psycholinguistique. En d'autres termes, l'apprentissage de la lecture ne peut être compris si on ne s'intéresse qu'à la lecture isolément. Il est nécessaire de prendre en considération la reconstruction par l'enfant de la langue écrite en général, de "coller" aussi étroitement que possible à la démarche de l'enfant.

Du point de vue psycholinguistique, le sujet sachant lire-écrire a acquis le système de la langue écrite, de telle sorte qu'il est en mesure d'effectuer toutes sortes de comportements mettant en jeu la langue écrite. La réalisation de chacun de ces comportements implique des compétences qui permettent de définir une hiérarchie entre ceux-ci, mais cette hiérarchie est d'une autre nature que celle des fonctions sociales ou des pratiques pédagogiques à un moment donné.

Les rapports de la lecture et de l'écriture

De l'oral à l'écrit

Nous partirons d'un triple constat :

- *un constat linguistique* : la langue française écrite est une représentation de la langue parlée ;

- *un constat psycholinguistique* : dans tous les apprentissages linguistiques - naturels ou scolaires - le sujet procède de l'oral à l'écrit ;

- *un constat relatif aux apprentissages* : tout apprentissage se base sur un apprentissage antérieur. Il n'y a pas d'apprentissage zéro.

L'apprenant, qu'on le veuille ou non, s'appuie sur du connu pour faire face à l'inconnu. Une des difficultés majeures de l'enfant face à l'écrit est précisément de savoir sur quel apprentissage se baser. Proposer des situations, dans lesquelles sa connaissance de la langue parlée est mise à profit, paraît donc préférable à l'empêcher de procéder ainsi et donc de le renvoyer à des acquis mal identifiés.

Il nous paraît donc cohérent avec le savoir existant de considérer que l'apprentissage de la langue écrite doit se faire dans le prolongement de celui de la langue parlée, c'est-à-dire viser prioritairement à faire acquérir à l'enfant à l'écrit ce qu'il a acquis à l'oral. L'acquisition de la langue écrite ne doit donc pas être considérée comme un apprentissage autonome par rapport à celle de la langue parlée, mais comme le prolongement des acquisitions de celle-ci dans l'acquisition de celle-la.

Faut-il privilégier certaines activités ?

Apprendre à lire d'abord ?

La tradition veut que la lecture précède l'écriture. Ceci pourrait se justifier sur le plan psycholinguistique en partant du fait que, dans le processus d'acquisition, l'une précède l'autre. Mais l'expérience montre que procéder ainsi n'apporte pas de résultats satisfaisants pour tous les enfants. Deux problèmes se posent en effet :

1. entrer dans l'écrit par la lecture ne permet pas aux enfants de comprendre que la langue écrite représente la langue parlée ;

2. procéder du simple au complexe n'est pas vraiment une démarche efficace. On l'a cru pendant longtemps, mais on assiste aujourd'hui au mouvement inverse : dans les apprentissages musicaux, le solfège ne précède plus l'instrument et dans le domaine sportif, l'éducation physique ne précède plus nécessairement la pratique d'un sport.

Faut-il alors procéder à l'inverse, commencer par l'écriture ?

Apprendre à écrire d'abord ?

Cette position pourrait être défendue car l'activité d'écriture présente des avantages notables qui n'ont pas échappé à des pionniers des méthodes actives tels que Freinet et Montessori. Parmi ces avantages, trois nous apparaissent particulièrement clairs.

Le premier tient à la nature même de l'acte d'écrire. Comparé à l'acte de lire, l'acte d'écrire exige une activité de production alors que l'acte de lire exige une activité de réception. C'est dans cette différence que se situe le "plus" qui le fait privilégier par quiconque qui place l'action à la base de l'apprentissage. On retrouve côte à côte, pour défendre ce principe, un constructiviste comme Piaget et un pédagogue comme Freinet.

Le second avantage est relatif à la clarté cognitive. Considérant que l'enfant se trouve confronté à un objet, la langue écrite, dont il ne comprend ni la fonction ni les structures, le problème cognitif majeur qu'il a à résoudre pour s'approprier cet objet est de le comprendre. Privilégier la lecture, comme on le fait d'ordinaire, revient alors à placer l'enfant devant des objets tout faits, les écrits. Ces objets tout faits sont mystérieux, dans la mesure où il ne sait rien de leurs conditions de production : qui les a écrits ? où ? quand ? pourquoi ? pour qui ? comment ? Les psycholinguistes qui posent de telles questions aux enfants s'étonnent des représentations que permettent d'entrevoir l'analyse des réponses qu'ils recueillent.

On peut supposer alors qu'introduire d'emblée des activités d'écriture peut faciliter à l'enfant la compréhension de ce qu'est l'écrit. Produisant lui-même les écrits, il a la possibilité, sur un plan général, de prendre conscience de la nature langagière de l'écrit : il s'aperçoit qu'écrire consiste d'abord à coder d'une autre façon ce que l'on dit et que l'écrit n'est rien d'autre, par conséquent, que le produit d'une telle action. Il sait d'emblée qui a écrit, où, quand, pourquoi, pour qui, et comment. Il peut alors trouver des réponses à ces mêmes questions pour les écrits qui sont proposés à sa lecture. L'écrit perd beaucoup de son obscurité sinon de son mystère.

Le troisième avantage qu'il y a à mettre d'emblée en place des activités d'écriture est que l'écriture d'un mot inconnu oblige à un travail d'analyse phono-graphique qui amène l'enfant à comprendre que, le français étant une langue alphabétique, il existe des relations systématiques entre les phonèmes et les graphèmes.

On sait que l'acquisition des correspondances grapho-phonétiques provoque de nombreuses polémiques. La raison en est peut être le conflit qui résulte de ce que chacun reconnaît la nécessité de cet apprentissage, mais que, en même temps, l'enseigner comme on le fait généralement, c'est-à-dire en situation de lecture, est artificiel et est donc source de difficultés d'apprentissage pour l'enfant. Certains peuvent alors être amenés à préférer un terme du conflit à l'autre et, soit rejeter cet enseignement au risque de mettre les enfants en difficulté, soit procéder à cet enseignement au risque de voir les difficultés perdurer.

On peut penser alors que, en situation d'écriture, l'acquisition de ces correspondances peut être effectuée naturellement et sans les difficultés liées à son enseignement en situation de lecture. Dans cette perspective, l'acquisition de ce type de compétences se déplace des situations de lecture aux situations d'écriture. Ces acquisitions étant faites dans les situations d'écriture, ceci permet de conserver aux situations de lecture leur caractère fondamental de recherche de sens et d'éviter le risque bien connu d'un comportement de pur déchiffrage.

Nous avons pu constater par ailleurs, avec des enfants longtemps arrêtés au seuil de la langue écrite, qu'abandonner la lecture pour travailler l'écriture produit des effets spectaculaires. On peut les attribuer à chacune des raisons évoquées : activité, clarté cognitive, acquisition des correspondances grapho-phonétiques.

Pourtant, privilégier l'écriture par rapport à la lecture, présente des risques. Définir une position demande à ce qu'ils soient d'abord identifiés.

Apprendre à écrire et à lire en même temps

L'observation montre, en effet, que travailler massivement l'écriture avant la lecture produit des effets pervers : partant de l'oral, les enfants produisent des écrits en fonction du code qu'ils inventent et, au moment où ils sont confrontés à l'écriture normative (orthographique) de ces unités orales, ils ne sont pas en mesure de les reconnaître et sont rebutés par la lecture. Montessori (1936) fournit maintes illustrations de ce type d'effets.

La conception proposée ne consiste donc, ni à respecter la tradition en mettant l'accent sur la lecture, ni à l'inverser en mettant l'accent sur l'écriture, mais à définir un nouveau rapport entre lecture et écriture. Dans ce nouveau rapport, compte tenu des avantages énoncés ci-dessus, l'écriture est amenée à avoir un rôle capital mais non exclusif puisqu'il s'agit d'apprendre à écrire et à lire en même temps. La démarche à effectuer ne consiste pas à faire remonter plus tôt des activités d'écriture qui étaient effectuées à des moments ultérieurs mais à redéfinir ce que pourraient être les apports respectifs de ces deux activités. Dans ce nouveau rapport, les activités de lecture et d'écriture sont nécessaires simultanément mais avec des fonctions distinctes, en vue d'un apprentissage qui est un, celui de la langue écrite.

L'écriture a alors pour fonction d'être un outil d'analyse métalinguistique et linguistique de la langue. Toutefois celui-ci, s'il n'est pas alimenté par la lecture, risque de produire des objets qui éloigneront l'enfant de la lecture. Il faut donc que cet outil d'analyse ait à sa disposition une source de connaissances que seuls les textes travaillés en situation de lecture peuvent fournir.

La lecture apparaît de ce fait comme la source des connaissances nécessaires pour que l'outil d'analyse qu'est l'écriture travaille sur un matériau satisfaisant.

Dans cette perspective, l'écriture est donc un outil d'analyse et la lecture, la source de connaissances qui l'alimente et permet la construction de connaissances spécifiques de l'écrit, orthographiques d'abord et, peu à peu, lexicales et syntaxiques.

Cette façon de définir ce que les enfants ont à apprendre s'oppose à la fois à la conception dominante qui voit en l'écriture un apprentissage différent et postérieur à celui de l'écriture. Elle s'oppose également à la position qui prend le contrepied de la précédente en faisant de l'écriture le socle sur lequel la lecture pourrait se construire. La conception mise en avant ici constitue alors une troisième façon d'aborder le problème. Elle considère l'écriture et la lecture comme deux activités à mener de concert dès le début, mais avec des fonctions différentes.

Apprendre comment ?

Une question classique qui se pose vis-à-vis d'un apprentissage quel qu'il soit est de savoir s'il est continu ou discontinu. Même si, en l'état actuel de nos connaissances, il est trop tôt pour répondre avec assurance à cette question en ce qui concerne l'entrée dans l'écrit, se la poser peut néanmoins contribuer à clarifier le problème.

Un apprentissage continu ?

Il est clair que, suivant la conception empiriste dominante, l'acquisition de la langue écrite s'effectue de manière continue.

On en est si bien convaincu que l'on décide même de ce que les enfants doivent apprendre : tel mot "globalement" ou tel "son" après tel autre. La notion même de "programme" est toute entière fondée sur cette conception. Elle repose sur l'idée que les enfants acquièrent les objets désignés à leur apprentissage au fur et à mesure qu'ils leur sont présentés et dans l'ordre même où ils le sont. La confusion est ainsi faite entre "enseignement" et "apprentissage", en considérant que l'apprentissage n'est autre que le reflet de l'enseignement.

Le pédagogue qui raisonne ainsi a des surprises. De bonnes surprises quand il s'aperçoit que les enfants savent lire des mots comportant des "sons" qui n'ont pas été enseignés... mais il conserve sa façon de voir en pensant que les parents y sont pour quelque chose.

Mais comment expliquer alors l'apparition d'une écriture dite "phonétique" ? c'est-à-dire une écriture que personne ne peut avoir enseignée et qui est pourtant bien là. Seule ressource possible dans une perspective empiriste : la réprimer le plus possible, comme quelque chose de honteux.

De mauvaises surprises apparaissent aussi, plus souvent encore, quand le maître, quotidiennement, se rend compte que les enfants ne maîtrisent pas les correspondances grapho-phonétiques qu'il leur a enseignées. On invoque alors, en vrac, paresse, défaut d'attention, ou milieu familial, etc, mais il demeure un malaise. Quand la théorie ne colle pas aux faits, et puisqu'on ne peut pas changer les faits, il faut changer de théorie.

Un apprentissage discontinu ?

Les maîtres chargés des petites classes de l'enseignement élémentaire font souvent remarquer que tel ou tel enfant "a démarré", qu'il "est parti", etc. Par toutes sortes d'expression, ils expriment leur impression d'une sortie soudaine de l'état initial d'analphabétisme. De fait, l'impression de l'observateur qui suit une classe, est celle d'une "éclosion" en série, chaque enfant sortant, tour à tour, de la coquille de silence et d'immobilité où il se trouvait jusqu'alors.

En bref, ce qui paraît caractériser l'acquisition de la lecture - car, pour l'écriture, les phénomènes sont plus complexes - c'est son caractère soudain, discontinu. On remarquera d'ailleurs que pareille impression se retrouve chez les parents en ce qui concerne l'acquisition du langage.

Un apprentissage continu et discontinu

Plutôt que de s'enfermer dans l'alternative "continu/discontinu", et pour prendre en compte les données d'observation qui indiquent une certaine continuité et celles qui manifestent des accélérations soudaines, il est nécessaire d'adopter une formule différente.

L'apprentissage de la langue écrite est un apprentissage cognitif qui nécessite l'élaboration de représentations relatives à l'objet à apprendre. Ces représentations sont relatives à l'oral, à l'écrit et aux relations qui les unissent. Si ces représentations sont absentes, les enfants ne peuvent mémoriser durablement les informations, et on sait que les enseignants s'étonnent souvent que les enfants aient oublié le lendemain ce qu'ils avaient si bien appris la veille. De même, si ces représentations sont inexactes, les acquisitions se font en conséquence. Il est indispensable d'avoir une représentation adéquate de l'objet pour pouvoir l'appréhender de manière efficace.

En d'autres termes, les enfants doivent construire ces représentations par un long travail de réflexion portant sur l'objet. L'acquisition de la langue écrite est conditionnée par le travail méta-linguistique des enfants. Une hypothèse est que c'est ce travail de compréhension qui conduit à des découvertes successives et que c'est celles-ci qui constituent les moments de rupture obervés dans le cours des acquisitions.

Mais quand une découverte a été faite, elle crée la possibilité de faire de nouvelles acquisitions, des acquisitions qui jusque là étaient impossibles. C'est alors que l'on peut voir apparaître des comportements qui donnent l'impression d'un apprentissage continu. Ces acquisitions, à leur tour, rendent possible une nouvelle découverte cognitive relative à l'objet d'apprentissage et donc à une nouvelle discontinuité dans l'appropriation du système.

En l'état actuel de nos connaissances, on peut donc se représenter l'acquisition de la langue écrite par l'enfant comme une acquisition à la fois continue et discontinue, une suite de moments d'acquisition lente et de moments d'accélération brutale.

L'acquisition de la compétence en langue écrite (C.L.E.)

Un modèle d'acquisition

Le modèle que nous proposons concerne exclusivement la période initiale, celle de l'entrée dans l'écrit. Il comporte onze traits. On remarquera que ces traits sont valables pour les apprentissages linguistiques en général et pas seulement pour celui de la langue écrite.

1. L'apprentissage de la langue écrite consiste pour les enfants à construire une représentation mentale aussi exacte que possible de la langue écrite, objet de l'apprentissage ; apprendre la langue écrite, c'est donc intérioriser l'ensemble des propriétés et des unités qui la constituent, de telle sorte que soient possibles toutes les activités la mettant en œuvre et, en particulier, la lecture et l'écriture.

2. Cette construction s'effectue progressivement, de manière continue et discontinue, par la redécouverte des propriétés de la langue écrite.

3. L'apprentissage de la langue écrite peut être considérée comme un processus d'enrichissement du modèle interne de telle sorte que celui-ci, lacunaire dans les premiers temps, devient peu à peu identique à l'objet d'apprentissage ; décrire cet apprentissage c'est donc énoncer la succession des propriétés découvertes par l'enfant.

4. Au fur et à mesure que le modèle interne s'enrichit, il permet des comportements de plus en plus complexes.

5. La lecture et l'écriture d'une unité donnée constituent deux étapes d'un même apprentissage, celui de la langue écrite, et non pas deux apprentissages distincts effectués séparément ou l'un après l'autre.

6. De manière générale, et pour chaque unité d'écrit en particulier, la lecture précède l'écriture. Les activités de lecture sont possibles assez tôt et se complètent peu à peu d'activités de plus en plus complexes allant jusqu'à l'écriture.

7. La lecture est une activité d'identification ; celle-ci consiste à comparer l'unité présentée à la représentation qui en a été construite ; si cet objet a une (ou des) propriété(s) appartenant à la représentation interne du sujet il est identifié ; dans le cas contraire, il ne peut l'être ; il peut toutefois y avoir de fausses reconnaissances avec des unités ayant des propriétés voisines (analogie formelle).

8. Pouvoir identifier un objet présenté en le référant à une représentation interne n'implique nullement que cette représentation soit complète. On peut penser, au contraire, que l'identification est possible bien que la représentation ne comporte encore que quelques unes des propriétés de l'unité présentée. De ceci résulte qu'un écrit puisse être identifié mais ne puisse être écrit (la lecture est plus facile que l'écriture).

NB. *L'étude systématique des identifications exactes et erronées constitue une méthode permettant de savoir quelles sont les propriétés actuelles de la représentation construite par les enfants et de faire des inférences sur les conditions et l'ordre de construction de leur représentation de la langue écrite.*

9. Des productions écrites conformes aux normes ne sont possibles que dans un état avancé du modèle ; l'écriture exacte apparaît quand la représentation mentale de la langue écrite a acquis toutes les propriétés de l'objet langue écrite

10. La connaissance des tâches que peut réussir le sujet permet donc de déterminer quelles sont les propriétés actuelles de son modèle interne et, inversement, connaître les propriétés actuelles de son modèle interne, permet de déterminer les activités de langue écrite auxquelles il peut réussir actuellement

11. La reconstruction de la langue écrite par les enfants suit un chemin qui, dans ses grandes lignes, comporte des constances (par exemple, la précession de la lecture sur l'écriture), mais qui, dans le détail, varie d'un enfant à l'autre en fonction des occasions d'apprentissage, des modalités pédagogiques, du matériau linguistique rencontré, etc.

NB. *Les troubles du langage écrit résultant d'une atteinte neurologique constituent un champ potentiel pour utiliser et améliorer ce modèle, de même que les erreurs que commettent les enfants sourds apprenant la langue écrite.*

Apprentissage et enseignement

Entre ce qui est enseigné, c'est-à-dire ce que l'on veut faire apprendre, et ce qui est effectivement appris, il y a un sérieux décalage, comme nous l'avons suggéré en introduction de ce chapitre. On pourrait dire que les enfants apprennent à la fois plus et moins que ce qu'on leur enseigne. Mieux vaudrait dire qu'ils apprennent autrement. En effet, ils n'apprennent pas simplement en suivant la théorie sous-jacente au constructeur de la méthode, mais aussi en suivant leur propre théorie. Pour savoir ce qu'ils apprennent il faut donc connaître aussi leur théorie.

Qu'apprennent-ils avec les démarches pédagogiques courantes ?

Nous considèrerons, de manière un peu caricaturale, que les maîtres présentent aux enfants la langue écrite sous forme d'unités longues, les mots, ou sous forme d'unités courtes, les graphèmes, qui sont à associer aux phonèmes. Mais les enfants apprennent-ils ces mots ou ces relations grapho-phonétiques ?

Un apprentissage global ?

Le principe de la démarche qui s'exprime en début de première année par un "départ global" ou "des acquis globaux" est de faire mémoriser quelques mots, expressions ou phrases aux enfants. On pense, ce faisant, que ce lexique externe va devenir lexique interne. L'observation des enfants en classe laisse penser que ce n'est pourtant pas ainsi que les choses se passent.

On observe régulièrement, au 1er trimestre du CP, le souci de faire apprendre aux enfants certaines listes de mots dont la connaissance par les enfants servirait de base à diverses activités de la vie de la classe. Il s'agit, généralement, des prénoms des enfants, des noms des couleurs, des jours de la semaine ou des consignes de travail (*découpe, colorie, colle, etc*). Il est alors intéressant de constater que les enfants ne parviennent pas à apprendre ces mots qui, pourtant, font l'objet d'un intérêt systématique.

S'ils mémorisent des mots-outils, les articles par exemple, l'évaluation de l'acquisition du "capital-mots", si elle était faite objectivement, montrerait sans doute que les enfants ne mémorisent pas les mots comme le supposent le constructeur de la méthode ou l'enseignant dans sa classe.

Les mots-outils sont mieux retenus que les mots lexicaux, sans doute parce qu'ils sont plus courts et/ou plus fréquents que ceux-ci. En bref, il est vraisemblable que si les mots lexicaux sont reconnus à la longue, ils ne sont quand même pas pleinement connus. En d'autres termes, une évaluation précise ferait sans doute apparaître que ces mots ne sont connus qu'à un certain degré.

La connaissance très partielle qu'en ont les enfants explique l'étonnement du pédagogue voyant que, du jour au lendemain, ce qui était "su" est oublié. Dans certains cas, la façon dont la connaissance est sollicitée peut ne pas être la même d'une fois à l'autre.

Dans d'autres cas, il se peut que la mémorisation n'ait été que de courte durée et ce phénomène est alors explicable par le fonctionnement de la mémoire. Pour être durablement mémorisé, un objet, tel qu'un mot, doit trouver chez le sujet les structures cognitives permettant sa mémorisation. Plutôt que de dire de l'enfant "il n'a pas de mémoire", mieux vaudrait dire alors "il n'a pas encore la mémoire pour ce genre de choses" ; "pas encore" signifie alors qu'il n'a pas compris ce qu'est un mot. Pour pouvoir pleinement mémoriser un mot, il faut que l'apprenant ait compris ce qu'est un mot. Le problème n'est pas d'abord un problème de mémoire mais avant tout un problème d'intelligence, plus précisément d'"intelligence de l'écrit".

Contrairement à ce que peut penser un adulte alphabétisé, un mot écrit est, pour l'enfant, une structure très complexe. Son acquisition ne peut se faire que peu à peu, en suivant les propriétés du mot que l'apprenant comprend, et non tout de suite, par mots entiers. Elle se fera plutôt par propriétés successives : par exemple l'initiale d'abord, la longueur ensuite, plus tard des particularités morpho-syntaxiques et orthographiques. De fait, il effectue simultanément deux apprentissages : un apprentissage par reconnaissance et un apprentissage méta-cognitif.

Mieux encore, il semble que les enfants soumis à cette pratique n'effectuent pas un travail de mémorisation mais de compréhension. Là où on croit qu'ils apprennent des mots, ils procèdent en fait à une réflexion sur la langue. L'apprentissage est d'abord un processus de compréhension.

Pour bien nous faire comprendre sur ce point capital, une comparaison peut s'avérer utile. Imaginons un moniteur d'auto-école faisant toujours conduire son élève dans le même quartier. Qu'apprend cet élève ? Il apprend deux choses :

1. essentiellement, il apprend à conduire ;

2. accidentellement, il apprend le quartier : ses rues, la configuration des maisons ou des magasins, etc. Il repère les uns et les autres à l'aide de quelques indices, mais il est clair que c'est une connaissance bien superficielle du quartier qu'il acquiert ainsi, une connaissance lui permettant de reconnaître ses composantes parmi d'autres, mais guère plus.

Partant de là, sur quoi devrait porter l'examen ? Sur le point **2**, la connaissance du quartier ? ou sur le point **1**, le savoir-conduire ? La réponse, dans le cas de la conduite automobile, est évidente. Pourquoi ne l'est-elle pas dans le cas de la conduite de lecture ? Savoir lire ne se réduit donc pas à ce qui est secondaire - savoir identifier les quelques mots qui ont été enseignés - mais à ce qui est principal, un savoir-faire qui, tout comme le savoir-conduire, permet de faire face à tout mot nouveau. Ceci ne signifie pas que la connaissance **2** n'existe pas, et c'est pourquoi l'examen pour l'obtention du permis de conduire a lieu dans un autre quartier, mais qu'elle est tout à fait secondaire et, en particulier, ne peut fonder l'apprentissage **1**.

Un apprentissage de correspondances grapho-phonétiques ?

En ce qui concerne l'autre pratique, celle qui vise à faire acquérir d'emblée des correspondances grapho-phonétiques, les choses ne se passent guère autrement : le hiatus est considérable entre les intentions du maître et les réalisations de l'élève.

S'il est vraisemblable que les enfants ne peuvent apprendre les mots globalement, la littérature scientifique démontre éloquemment que l'acquisition des correspondances grapho-phonétiques est, au CP, tout autant hors de portée de bon nombre d'enfants. La focalisation, ces dernières années, de nombreux chercheurs sur la conscience phonique a montré, en effet, que les enfants ayant le meilleur développement de conscience phonique étaient ceux qui réussissaient le mieux dans l'apprentisssage de la lecture. Toutefois, le fait, que les variables pédagogiques n'aient pas été prises en considération dans les premières recherches, limite la portée des conclusions que l'on peut en tirer.

Sachant, en effet, que dans la plupart des cas, les apprentissages sont conduits avec des méthodes reposant sur l'enseignement des correspondances grapho-phonétiques, on comprend fort bien que les enfants, qui n'ont pas construit la notion de phonème ou les phonèmes de la langue, soient handicapés par des méthodes qui reposent sur l'hypothèse de cet acquis préalable.

Pour savoir si la conscience phonique a vraiment un rôle déterminant, il faut donc s'assurer que celle-ci est manifeste quelle que soit la méthode pédagogique mise en œuvre. Les premiers travaux réalisés dans ce but ont été effectués dans des conditions où les variables pédagogiques n'étaient pas suffisamment contrôlées et demandent donc à être repris dans de meilleures conditions expérimentales.

Par ailleurs, d'autres travaux ont montré que l'apprentissage de la lecture dans une langue alphabétique permet le développement de la conscience phonique, soit une relation causale inverse de la précédente.

Il apparaît donc à la fois que si la conscience phonique facilite l'acquisition de la langue écrite, l'acquisition de la langue écrite favorise également le développement de la conscience phonique. De ce fait, la causalité devient circulaire et donc extrêmement complexe à analyser. En l'état actuel des travaux, il n'est donc pas possible de faire dépendre l'acquisition de la langue écrite du degré de conscience phonétique de l'enfant.

Si les deux grandes voies classiques que constituent les apprentissages globaux et les apprentissages de correspondances grapho-phonétiques ne sont ni l'un ni l'autre satisfaisants pour savoir comment les enfants s'approprient la langue écrite, dans quelles directions est-il possible de se diriger ?

Nous adopterons, pour répondre à cette question, un point de vue psycholinguistique plutôt que pédagogique. Il s'agit donc ici de tenter de mieux comprendre la façon dont elle se pose pour l'enfant, s'il est vrai que les deux façons classiques de la poser s'avèrent être l'une et l'autre insatisfaisantes.

Comment les enfants entrent-ils dans l'écrit ?

Quelles relations entre les tâches ?

Pour analyser l'acquisition de la langue écrite par les enfants, il est indispensable de préciser soigneusement dans quelle tâche les résultats ont été obtenus. Au lieu de "tâche", on pourrait aussi bien parler de "situation", de "problème", ou d'"activité" pour indiquer l'absolue nécessité qu'il y a à bien définir le travail demandé.

Ce que nous appelons compétence en langue écrite c'est la capacité, dans une tâche donnée, d'appliquer une stratégie de résolution efficace, ce qui suppose que le sujet dispose de schèmes et de représentations pertinents.

Pour illustrer ceci, prenons pour exemple dix tâches énoncées en désordre. Chaque tâche implique des activités cognitives, au moins en partie, différentes. Par suite, chacune d'elles a un degré de complexité cognitive différent.

L'information fournie aux enfants est écrite ; l'enfant doit :

1. copier un écrit ;
2. effectuer une mémorisation immédiate de mots écrits ;
3. reconstituer une phrase à partir de mots en désordre ;
4. reconstituer un mot à partir de lettres en désordre.

L'information fournie à l'enfant est orale ; on lui demande :

5. de signaler des mots ;
6. de signaler des lettres ;
7. d'écrire des mots sous dictée.

L'enfant doit écrire un message :

8. dont il connaît le contenu (*Ex.* Le Petit Chaperon rouge) ;
9. à partir d'une image-stimulus ;
10. avec un contenu indéterminé (*Ex.* "texte libre" de Freinet).

Il est souhaitable, en outre, pour chaque cas, de se demander si :

- l'activité implique un travail de compréhension ;
- si elle s'effectue avec auto-langage.

Pour savoir comment les enfants s'approprient la langue écrite, le premier travail à réaliser est alors, partant des réponses obtenues, d'ordonner ces tâches les unes par rapport aux autres suivant leur degré de complexité cognitive.

Pour illustrer l'intérêt de cette proposition, nous prendrons un exemple dans un travail de rééducation entrepris avec une fillette âgée de sept ans et très en retard. Le travail porte sur le mot "*papa*" et sur le prénom de la fillette, "*Ghislane*".

Dans une même séance de travail, on observe tour à tour que Ghislane :

1. signale sans problème les deux mots ;
2. les lit sans problème ;
3. les copie sans erreur ;
4. les écrit sous la dictée ;
5. mais, avec les lettres isolées et sans lui dire oralement quel est le mot à écrire,
avec *p,a, p, a,* elle construit "*paap*"
et, avec *G, h, i, s, l, a, n, e,* elle construit "*Glishane*".

L'enfant possède donc les compétences cognitives nécessaires à la résolution des quatre premières tâches mais pas celles nécessaires à la cinquième. La lecture de ces deux mots ne lui fait pas problème, pas plus d'ailleurs que leur écriture sous dictée, mais leur écriture à partir d'éléments séparés marque la limite de ses compétences en langue écrite.

À première vue, à la lumière des résultats obtenus dans les quatre premières tâches, on pourrait considérer que Ghislane "sait lire et écrire ces deux mots". La cinquième tâche nous montre que les choses sont plus complexes.

Partant des résultats à cette dernière tâche et adoptant l'attitude dichotomique habituelle, on pourrait tout aussi bien renverser la proposition et dire que, finalement, "elle ne sait ni lire ni écrire ces deux mots".

Pour éviter de passer d'un excès d'optimisme à un excès de pessimisme, la solution est de sortir de ce modèle dichotomique et de considérer que la maîtrise de la langue écrite n'est pas une question de "tout ou rien" mais une question de degrés et que la connaissance de ceux-ci commence par une connaissance de la hiérarchie de la difficulté cognitive des tâches proposées à l'enfant. Il nous paraît donc important de soigneusement distinguer les résultats obtenus dans les dix tâches énoncées plus haut.

Quelles stratégies ? (suivant les représentations)

Les "stratégies" que, suivant les contextes, on appelle aussi "procédures", "processus", "façons de procéder", ou "méthodes de travail", constituent une des difficultés majeures dans les apprentissages scolaires ; celui de la langue écrite ne fait pas exception.

Savoir comment les enfants s'approprient la langue écrite passe donc également par l'étude attentive des divers modes de résolution des tâches de langue écrite qui leur sont proposées. Celle-ci fait alors apparaître des représentations qui permettent d'expliquer les comportements observés.

Pour une tâche donnée, les enfants peuvent procéder de différentes façons. Ces façons de procéder ne sont évidemment pas aussi efficaces les unes que les autres.

Si l'on prend pour exemple la tâche classique de reconstitution de phrase à partir d'étiquettes-mots données en désordre, on peut observer différentes stratégies et imaginer les représentations sous-jacentes.

- Certains enfants alignent les mots afin de former une ligne avec l'ensemble des étiquettes et s'en tiennent là.

  On peut penser que les enfants qui procèdent ainsi considèrent l'écrit uniquement comme un alignement horizontal d'unités. Le résultat obtenu étant formellement conforme à ce qu'ils ont compris de l'écrit, ils estiment avoir répondu correctement à la demande.

- D'autres enfants commencent comme les précédents mais perçoivent, chemin faisant, la présence d'une majuscule dans un mot. Ils s'empressent alors de mettre ce mot en bout de ligne. Mais ce bout de ligne peut aussi bien être à l'extrêmité droite que gauche de la série de mots alignés...

  Les enfants qui procèdent ainsi ont compris, comme les précédents, que l'écrit est une suite d'unités horizontales mais ont aussi compris que cette suite comporte une majuscule au début... tout en ne sachant pas encore où se trouve le début. Leur stratégie met en œuvre trois propriétés de l'écrit (suite de mots, horizontalité, majuscule au début) mais la troisième n'est pas encore totalement maîtrisée.

Ces stratégies sont caractéristiques, mais non exclusives, d'un premier niveau d'acquisition des compétences en langue écrite. Comment caractériser celui-ci ? Ce qui paraît constant à l'observateur c'est que les enfants procédant ainsi effectuent un traitement purement visuel de l'objet écrit. À aucun moment le fait que l'écrit ait une valeur phonétique et soit porteur de sens n'est pris en considération. Ces propriétés, qui font la spécificité du langage écrit, n'ont pas encore été acquises par les enfants. Quand elles le seront, les stratégies mises en œuvre par les enfants seront très différentes. Elles consisteront, par exemple, au dernier niveau :

1. à identifier quelques mots ;

2. à faire l'hypothèse d'une phrase possible ;

3. à identifier les autres mots de façon à vérifier si cette hypothèse est recevable.

Pour savoir comment les enfants s'approprient la langue écrite, il faut pouvoir repérer, pour une tâche donnée, quel est le répertoire de stratégies dont ils disposent et dans quel ordre elles se succèdent les unes aux autres dans le temps ; en analysant de cette façon le comportement de l'enfant, c'est-à-dire en adoptant une attitude explicative plutôt que normative, on s'aperçoit alors que des stratégies à priori aberrantes pour l'adulte - cf. ci-dessus les stratégies d'alignement - reflètent en fait ce que l'enfant a compris de la langue écrite et sont donc parfaitement sensées.

Diverses possibilités apparaissent alors.

- Dans les exemples évoqués ci-dessus, les stratégies de résolution du problème posé sont lacunaires, c'est-à-dire adéquates à la tâche mais incomplètes, du fait des lacunes de la représentation qu'a l'enfant de la langue écrite ; pour avancer dans l'apprentissage, le progrès consistera alors à compléter l'information lacunaire ;

- Il se peut aussi, dans d'autres cas, que la stratégie employée par l'enfant soit inadéquate pour la tâche considérée ; c'est alors à un changement de stratégie que l'enfant devra procéder pour avancer dans cet apprentissage.

Quelles activités cognitives ?

Tenter de définir quelles sont les activités cognitives effectuées par l'enfant amène à affiner un peu plus l'analyse cognitive. On emploiera également, dans le même sens que "activité cognitive", les termes de "composante cognitive", de "schème" ou de "mécanisme".

Comment les enfants appréhendent-ils l'objet nouveau que constitue l'écrit ? Quels schèmes utilisent-ils pour réduire le nouveau à l'ancien, l'inconnu au connu ? Le nourrisson, devant un objet nouveau, le porte à sa bouche, le secoue, le jette à terre et regarde l'effet produit, etc. Le jeune enfant devant la langue écrite fait de même : il soumet l'objet nouveau aux schèmes qu'il a constitués dans ses actions antérieures avec d'autres objets, afin de voir s'il peut assimiler l'objet nouveau à un schème ancien et, dès lors, l'identifier.

Les schèmes non spécifiques

On peut prendre pour exemple une tâche d'identification. Un des moyens habituels d'identifier un objet est de se référer à la position qu'il occupe dans l'espace. Trois exemples anecdotiques, à défaut de données systématiques, invitent à penser que, en début d'acquisition, les enfants recourent à la position pour résoudre le problème qui leur est posé.

1

Dans une classe de CP, au mois de septembre, la maîtresse, tous les matins, fait l'appel à l'aide d'une liste des noms des enfants de la classe. Les enfants, debout autour d'elle, doivent montrer du doigt le mot écrit correspondant au nom qu'elle prononce. Après quelques jours de classe, la liste est refaite et les noms des enfants ne sont plus à la même place. On voit apparaître alors des signalements erronés : à l'appel du nom les enfants montrent le nom qui se trouve maintenant là où se trouvait précédemment le nom appelé.

Ce n'est donc pas la forme graphique spécifique d'un nom qui, comme le supposerait l'adulte lettré, permet à l'enfant d'identifier le nom, mais le lieu où il se trouve. Il est vraisemblable qu'une des premières façons d'identifier un objet écrit ne consiste pas à recourir à une quelconque de ses caractéristiques spécifiques mais à l'emplacement où il se trouve d'ordinaire.

S'agit-il là d'un fait anecdotique, lié à un contexte scolaire particulier ? Sans doute pas une recherche est actuellement menée dans notre équipe pour en apporter la preuve). C'est ce que montre le second exemple.

2

En Israël, dans les classes de rééducation à la lecture, il existe une pratique solidement établie en vertu de laquelle le texte de référence, celui sur lequel portent les activités une semaine durant, est réécrit chaque jour par l'enseignante sur un support différent, en veillant à ce que la répartition du texte sur le support varie d'un jour à l'autre.

L'objectif visé est d'empêcher les enfants d'identifier les mots écrits en s'appuyant sur la place qu'ils occupent dans un texte donné. La crainte que les enfants utilisent à peu près exclusivement ce type de repérage a conduit à l'éliminer afin d'amener les enfants à recourir à des indices spécifiques de l'écrit plutôt qu'à des indices non linguistiques de position spatiale.

3

Le troisième exemple apparaît dans des protocoles de copie d'écrit que nous avons examinés très attentivement (Fijalkow et Liva, 1989). Avec cet exemple, nous sortons donc des situations de lecture pour entrer dans une situation d'écriture.

Dans des protocoles de CP, chez les enfants les moins avancés, la copie du titre du passage provoque un comportement intéressant pour notre propos. Il arrive, en effet, que le titre soit d'abord écrit par l'enfant un peu à gauche de la feuille et non pas au centre, puis que l'enfant barre ce qu'il a fait et réécrive le titre au milieu de la ligne.

L'hypothèse que nous faisons, en harmonie avec ce qui précède, est que, pour lui, si l'écrit change de position, il change aussi d'identité. À ce moment-là de son développement, en effet, ce qui donne son identité à un objet écrit, ce ne sont pas les propriétés spécifiques de celui-ci, mais la position qu'il occupe. Changer sa position c'est donc changer l'objet ; c'est pourquoi l'enfant, soucieux de conformité au modèle, revient sur sa première production et réécrit le mot. On pourrait qualifier ce comportement d'"aveugle" dans la mesure où l'enfant ne regarde pas vraiment l'objet mais repère le point de l'espace où il se trouve.

Un autre moyen utilisé par les enfants en début de scolarité pour identifier ce qui est écrit est le recours à l'oral. Pour identifier un objet, faute de pouvoir prendre en considération ses propriétés spécifiques, il prend pour référent la chaîne temporelle de l'oral. Trois exemples anecdotiques illustreront ce phénomène :

1. Une mère de famille fait relire à haute voix sa page de lecture à son enfant tout en étant occupée à autre chose. À un moment donné, l'enfant rencontre une difficulté et la mère vient jeter un coup d'œil sur la page pour le dépanner. Elle constate alors, interloquée, que le livre n'est pas ouvert à la page du jour mais à une page antérieure. Que faisait l'enfant ? Il ne lisait pas le texte mais le récitait.

2. Une enseignante, travaillant de manière conventionnelle, s'approche d'un enfant en train de lire sa page de lecture à haute voix et constate à sa grande surprise que le livre est à l'envers. Ici aussi la récitation tient lieu de lecture.

3. Une autre enseignante de CP rapporte que, faisant relire un texte qui a été travaillé deux semaines plus tôt, et ayant changé quelques mots, les enfants répètent le texte initial.

Dans les trois cas, pour lire sa page de lecture, l'enfant utilise une opération intellectuelle construite dans des situations antérieures, à savoir la mémorisation orale de l'objet, ce que l'on appelle couramment le "par cœur". À ce niveau là de son apprentissage, l'enfant ne sait sans doute pas, n'a sans doute pas compris, qu'il existe une relation terme à terme entre les unités d'écrit et les unités d'oral. Il a seulement compris que, ayant un certain livre en main, il doit produire un discours oral bien déterminé et apprend donc par cœur le texte. La situation de lecture, telle qu'il la comprend, peut être assimilée, suivant l'expérience de chacun, à une situation de récitation d'histoire ou à une situation de prière.

Si l'on récapitule sur ce groupe d'exemples, il apparaît qu'au problème qui lui est posé, l'enfant répond avec les moyens cognitifs dont il dispose. Devant identifier oralement un objet écrit, il utilise une stratégie qui a fait ses preuves dans des circonstances jugées analogues : il mémorise la position occupée dans l'espace par l'objet ou, si l'objet est long, une version orale de celui-ci. Il ne faut pas nécessairement voir là une quelconque duplicité de l'enfant, un désir d'échapper à l'activité de lecture mais, au moins en début de scolarité, la simple mise en pratique d'une démarche classique d'identification par recours à des schèmes spatiaux ou verbaux.

Notons toutefois que si, dans les trois exemples rapportés, le recours à l'oral est source d'erreurs, il n'en est pas nécessairement ainsi.

Un autre exemple permet de l'illustrer.

En classe de CP, l'intervenant montre la phrase "*Le singe joue avec la puce*". Elle demande la verbalisation de "*avec*". Les enfants disent "*a*", montrent le "a" et, après avoir relu le début de la phrase et répété "*a*", finissent par dire "*avec*". Dans ce cas, le recours à l'oral ne consiste pas en une mémorisation du texte à lire, mais en un recours au contexte et au début du mot, c'est-à-dire en une combinaison d'indices. C'est, en partie, leur connaissance de la langue parlée, en effet, qui leur permet d'identifier le mot à lire.

On remarquera que, dans tous les exemples présentés jusqu'ici, les schèmes mobilisés par les enfants, ont un caractère non spécifique relativement aux propriétés de l'écrit ; ils ont été construits par les enfants dans des situations qui ne sont ni de langue écrite ni de pédagogie et dont on pourrait éventuellement retrouver l'origine. Ce caractère non spécifique explique leur inefficacité, dans certains cas, mais également leur aide irremplaçable dans d'autres.

On remarquera aussi que les occasions de construire tel ou tel schème peuvent varier suivant les enfants et que, suivant la pédagogie mise en œuvre, les schèmes mobilisés ne seront pas nécessairement les mêmes. Ceci justifie le principe affirmé plus haut qu'on ne saurait s'attendre à ce que l'acquisition de la langue écrite suive rigoureusement le même chemin pour tous les enfants.

La question est de savoir comment les enfants parviennent à éliminer les schèmes clairement inadéquats et à construire ou à adapter les schèmes adéquats à la langue écrite.

L'acquisition des premières propriétés spécifiques

C'est sans doute au cours de la même période que sont acquises les premières propriétés spécifiques de la langue écrite. Il s'agit alors de propriétés spatiales qui résultent de conventions culturelles.

Il en est ainsi de l'ordre d'écriture, qui s'effectue de gauche à droite pour les langues romanes mais de droite à gauche pour les langues sémitiques.

On peut penser que, en début de scolarité, des enfants, à quelque culture qu'ils appartiennent, procèdent indifféremment de gauche à droite ou de droite à gauche dans des tâches telles que copier une phrase ou ordonner une série d'images.

Dans une étape ultérieure, par contre, on observe que la réalisation de ces tâches et de bien d'autres (exploration visuelle d'une image) se fait en fonction de l'ordre propre à la culture considérée.

Il en est de même pour l'orientation dans l'espace, dont l'enfant comprend qu'elle est codée de manière conventionnelle :

- tel est le cas des lettres ; c'est à ce même moment, semble-t-il, que les enfants comprennent que, dans une culture donnée, un objet change d'identité selon qu'il est orienté vers la droite ou vers la gauche, vers le haut ou vers le bas (*b, d, p, q*) ;
- tel est aussi le cas de la page : les enfants n'acceptent plus de lire une page qui leur est présentée à l'envers

D'autres acquisitions spécifiques de l'écrit qui ont lieu au cours de cette période concernent les unités d'écrit. C'est ainsi, par exemple, qu'à un certain niveau d'apprentissage, un enfant identifie un mot à l'aide de sa seule initiale, alors que, ultérieurement sans doute, il exige que sa longueur soit également respectée.

Quelles phases successives d'acquisition de la lecture ?

Bien que l'on soit encore loin de comprendre dans le détail comment les enfants s'approprient la langue écrite, c'est-à-dire bien qu'on ne sache pas de manière précise en passant par quelles stratégies et en effectuant quelles activités ils parviennent à acquérir une représentation complète de la langue écrite, il semble possible de définir, pour la lecture, trois moments successifs que l'on retrouve, semble-t-il, chez les enfants qui apprennent à lire en suivant une démarche non systématique.

Traitement visuel atypique

Dans un premier temps, l'enfant aborde l'écrit comme un objet visuel quelconque. Pour lui, l'écrit est un objet visuel comme un autre. À partir d'une hypothèse pauvre, "l'écrit est un objet visuel", il tente d'identifier les écrits qui lui sont proposés en mobilisant les schèmes construits pour ce type d'objet. Il est alors amené à utiliser des moyens disparates, aspécifiques (position spatiale, oral mémorisé) ou spécifiques (ressemblance globale, partie d'écrit : lettre initiale, détail caractéristique).

Cette représentation de l'écrit n'exclut nullement qu'il soit averti des structures spécifiques de l'écrit. Il comprend parfaitement que l'écrit représente du sens, mais il ne sait pas par quels moyens ce sens est codé. Et s'il formule une hypothèse à ce propos, il semble que ce soit une hypothèse symbolique. Ainsi, par exemple, face aux deux mots écrits, *train* et *locomotive*, si on lui demande de montrer le mot *train*, il montrera *locomotive* car "*un train est plus long qu'une locomotive*".

Ce type de représentation le conduit naturellement à de multiples erreurs qui l'amènent à formuler de nouvelles hypothèses.

Découverte du langage

L'enfant découvre que l'écrit représente la langue parlée, c'est-à-dire un oral significatif.

Que l'écrit corresponde à l'oral de manière systématique, c'est ce que les enfants ont le plus de mal à comprendre. Le moment capital est donc celui où l'enfant abandonne l'hypothèse de la langue-symboles pour l'hypothèse de la langue-signes.

Il s'agit là ni plus ni moins que de la redécouverte du principe alphabétique. En fait, il découvre deux choses à la fois : "L'écrit, c'est le langage" et "C'est phonétique". L'enfant a donc, en quelque sorte, "percé le mur du son". On peut penser aussi que c'est alors que se produit l'éclosion.

Traitement langagier

Partant de cette découverte que "l'écrit, c'est la langue parlée", les enfants vont, dès lors, mobiliser en situation de lecture la connaissance qu'ils ont de la langue parlée pour comprendre le texte qu'ils ont sous les yeux, ils vont "faire parler" le texte.

Des activités observables d'auto-langage sont donc consécutives à cette prise de conscience des propriétés fondamentales de l'écrit. Les enfants s'appuient sur ce qu'ils viennent de découvrir : ayant compris que l'écrit c'est de la parole, ils parlent l'écrit pour le comprendre, ils effectuent un traitement langagier de l'écrit. Il se produit alors une explosion de langage. Les enfants, qui ont compris la nature langagière de l'écrit vont utiliser un savoir langagier dont jusqu'ici ils n'avaient pas cru devoir faire usage dans cette situation.

Traitement visuel économique

Deux phénomènes apparaissent ensuite :

- *apprentissage perceptif* : en vertu du principe d'économie, les enfants vont effectuer un apprentissage perceptif qui leur permettra, pour identifier un objet, de prélever de moins en moins d'informations visuelles ;

- *réduction des activités orales* : l'utilisation du langage parlé pour traiter l'écrit, immédiatement consécutive à sa découverte, ne s'avère plus nécessaire. Ce qui avait été un support pour la compréhension devient maintenant un frein et est donc progressivement réduit. On ne le retrouvera, par la suite, qu'en cas de difficulté.

Ces deux phénomènes conduisent à un allègement de la charge langagière et perceptive qui amène les enfants à un traitement visuel économique. Ceci se traduit par une accélération de la vitesse de lecture.

Quelles relations oral-écrit ?

Le problème psycholinguistique majeur, auquel se heurte l'enfant apprenant la langue écrite, est de comprendre la nature de celle-ci et, plus précisément, de comprendre que, fondamentalement, elle est une représentation de la langue parlée, ce qui signifie qu'elle est à la fois porteuse de son et porteuse de sens.

La découverte des relations systématiques qui relient l'oral à l'écrit est une tâche ardue à laquelle l'enfant consacre beaucoup d'énergie. Cette découverte conduit en effet à travailler sur deux chaînes linguistiques distinctes, celle de la langue parlée et celle de la langue écrite, de les isoler l'une et l'autre de leur gangue existentielle, de les segmenter et de les mettre en relation. Travail colossal qui occupera tout le temps jusqu'au moment de l'éclosion.

Ce travail commence, sans doute, à partir du moment où l'enfant abandonne les hypothèses prélinguistiques et préphonétiques suivant lesquelles il effectuait un traitement visuel et/ou symbolique de l'écrit. À partir donc de ce moment, on peut penser qu'il essaie de segmenter l'oral et de segmenter l'écrit, tout en devant en même temps faire correspondre oral et écrit, c'est-à-dire associer à tout segment d'écrit qu'il distingue tout segment d'oral qu'il perçoit. Mais il ne parvient pas d'emblée à faire les bons découpages ni sur l'oral ni sur l'écrit, ni les bonnes correspondances.

À l'oral, il aura d'abord tendance à segmenter en unités de sens (énoncé, substantifs...), puis en syllabes - plus aisément identifiables dans la chaîne sonore - avant d'en venir à segmenter en phonèmes (Liberman, 1971).

À l'écrit, l'analyse génétique de la copie de texte le montre bien, il distinguera d'abord des lettres, plus aisément sans doute si elles sont écrites en script, puis des mots parce que ce sont les unités les plus aisément identifiables visuellement du fait de leur situation entre deux espaces blancs.

Ce rôle que jouent les facteurs visuels, en l'occurence le type de lettres utilisé, apparaît bien dans cette remarque faite par Ferreiro (1988) : de nombreux enfants mexicains en fin de 1ère année ne séparent pas leurs écrits en mots. Un tel comportement est extrêmement rare en France. On peut penser alors que l'utilisation de l'écriture liée, dès le CP, facilite l'identification des mots. Ainsi donc, au Mexique, l'utilisation exclusive de l'écriture script pourrait avoir un double rôle : facilitateur pour l'identification des lettres, ralentisseur pour l'identification des mots.

Les relations entre unités d'oral et unités d'écrit peuvent prendre des formes extrêmement variables. Sur le principe, toutes les combinaisons sont imaginables. On peut, par exemple, imaginer les formes suivantes, en partant de l'oral vers l'écrit :

- à un énoncé oral ,l'enfant fait correspondre à l'écrit une phrase, un mot, ou une lettre ;

- à un mot oral, il fait correspondre à l'écrit un mot ou une lettre ;
- à une syllabe orale, il fait correspondre un mot ou une lettre.

D'autres formes apparaîtraient si on procédait de l'écrit à l'oral.

En fait, les tableaux cliniques vont être extrêmement variés, mobiles... et déconcertants pour l'adulte car de très nombreux cas peuvent se présenter chez le même enfant au même moment. Il peut advenir également qu'un enfant demeure plus longtemps avec la même hypothèse et ceci peut donner l'impression d'un niveau stable mais, fondamentalement, il paraît plus vraisemblable que toutes les hypothèses relatives aux relations possibles entre toutes les unités d'oral et toutes les unités d'écrit peuvent apparaître.

Pour saisir le rationnel sous le désordre apparent, il est important de comprendre que chaque enfant, à un moment donné, fonctionne de manière plurielle.

1. Il distingue plusieurs types d'unités orales.

2. Il distingue plusieurs types d'unités écrites.

3. Il établit plusieurs types de relations entre les deux : il dispose de plusieurs hypothèses et les essaie tour à tour pour répondre aux exigences des tâches de langue écrite dans lesquelles il se trouve.

En outre, les relations qu'il établit ne respectent pas nécessairement les correspondances terme à terme entre unités d'écrit et unités d'oral car, pour lui,

4. tout ce qui est écrit ne se dit pas nécessairement (par exemple, au début, seuls les noms seraient écrits, puis les verbes et enfin les mots de liaison).

5. ce qui est écrit ne se trouve pas nécessairement écrit une seule fois dans le texte (un personnage, par exemple, pourrait faire l'objet d'autant de signalements qu'il effectue d'actions).

Enfin, les relations entre unités d'écrit et unités d'oral ne sont pas réversibles : les relations établies dans le sens écrit-oral ne sont généralement pas les mêmes que celles établies dans le sens oral-écrit.

Quel enseignement ?

MODÈLES PÉDAGOGIQUES, OBJECTIFS, PARTENARIAT

Un principe pédagogique fondamental découle de la façon dont est conçue, dans ce livre, l'entrée dans l'écrit : on n'enseigne pas à lire-écrire à un enfant, c'est lui qui apprend. Le rôle de l'adulte est de l'aider à effectuer cet apprentissage. C'est pourquoi au concept d'"enseignement" nous préférons celui d"accompagnement". Pour faire comprendre cette façon de voir, quelques précisions sont indispensables.

Trois modèles pédagogiques

On peut distinguer, sommairement, trois modèles pédagogiques de la lecture-écriture à l'école, en référence à la façon dont Lewin caractérisait la vie des groupes et dont Lautrey a, par la suite, identifié des styles éducatifs familiaux.

1

Un premier type, dit "autoritaire", consiste à centrer toutes les interactions sur le maître car c'est de lui que tout doit partir et que c'est à lui que tout doit revenir. C'est dans une telle pédagogie que le terme de "maître" garde tout son sens. Ceci signifie, en particulier, qu'il lui appartient d'adapter une progression et, jour après jour, de définir ce que les enfants doivent apprendre, de le faire apprendre, puis de contrôler que ces acquisitions ont bien été effectuées.

L'utilisation d'un manuel de lecture s'accorde admirablement avec ce modèle, puisque la progression y est définie, ainsi que les activités à effectuer, voire les modalités de contrôle.

La pédagogie par objectifs et, plus récemment, la notion d'objectifs minimaux (De Landsheere, 1988), s'accordent également avec ce modèle. Elle en sont d'ailleurs, sans doute, la forme la plus achevée.

Bien entendu, rares sont les classes qui fonctionnent rigoureusement de cette façon, mais si l'on ne perd pas de vue qu'il s'agit d'un modèle de référence et non pas d'une description objective des pratiques, il ne fait guère de doute qu'il inspire encore, en France, la majeure partie des classes de CP.

Un premier problème que pose ce modèle tient à ce que, bien que largement contesté, et malgré les changements importants qui ont été accomplis, les pratiques qu'il inspire semblent avoir évolué moins vite dans les écoles que dans les familles. Le risque alors est que les enfants vivent de plus en plus difficilement les situations scolaires, mais ceci est plus vrai dans le second degré qu'à l'école élémentaire.

Sur le plan cognitif, la difficulté réside dans l'existence des limites que ce modèle impose aux apprentissages. La définition d'objectifs, même définis aussi grossièrement que "l'étude d'un son", est en effet contradictoire avec la conception définie tout au long de cet ouvrage.

Par ailleurs, la définition d'objectifs se fait toujours en référence à des contenus à acquérir, donc par rapport à l'objet, et non pas par rapport au sujet, c'est-à-dire par rapport aux savoir-faire qui constituent la maîtrise de l'écrit. Cette position est donc rigoureusement antinomique d'une position soucieuse, comme l'indiquent les textes, de "placer l'enfant au centre du système éducatif".

Enfin, en définissant de manière étroite les acquisitions à effectuer, l'école définit ce qui doit être appris mais aussi ce qui ne doit pas l'être. On a vu que cette position est, de fait, intenable : les enfants apprennent à la fois moins et plus que ce qu'on veut leur enseigner. En tirer les conséquences pédagogiques revient alors à proposer de ne pas contraindre l'apprentissage dans des limites dont on a également vu qu'elles reposent sur des a priori dépourvus de fondements satisfaisants.

En fait, à délimiter ainsi l'espace d'apprentissage, on court le double risque de contraindre ceux qui ne sont pas prêts à en tirer parti, et d'empêcher de progresser comme ils l'entendent ceux qui peuvent aller au delà. Comment ne pas penser alors que, dans un certain nombre de cas, l'école empêche les enfants d'apprendre ?

Bien entendu, ce qui est mis en cause ici c'est la programmation étroite des apprentissages, la planification faite jour par jour, heure par heure, activité par activité et non pas le principe d'objectifs éducatifs à atteindre, à l'issue d'un cycle par exemple, ce qui constitue un tout autre problème. La pédagogie française est, fort heureusement, loin d'avoir atteint le degré d'obsessionnalité de la pédagogie nord-américaine dans la définition "rationnelle" des objectifs. Le danger n'en existe pas moins.

2

Prenant le contrepied du modèle autoritaire, la tentation est toujours présente d'une pédagogie correspondant au style "laissez-faire" de Lewin. C'est le modèle d'éducation libertaire. Un livre comme *Libres enfants de Summerhill* et, plus récemment, un film comme *Le cercle des poètes disparus*, fournissent des illustrations éloquentes de ce modèle. Le succès qu'ils ont connu, notamment chez les enseignants, indique bien le pouvoir de séduction de ce modèle.

Selon ce modèle, l'enseignant s'efface totalement devant l'enfant ou le groupe d'enfants. La communication est largement décentrée et les interactions s'effectuent sans direction privilégiée. Le désir d'apprendre des enfants y remplace la volonté du maître. La programmation est minimale et demeure totalement ouverte. La liberté remplace la contrainte.

3

Le type de dispositif présenté au chapitre : *On n'apprend pas à lire tout seul*, et dont nous nous proposons ici de compléter la description, ne correspond ni au modèle autoritaire ni au modèle libertaire esquissés ci-dessus, mais se réfère plutôt au troisième modèle, que l'on qualifie habituellement de "démocratique ".

On peut caractériser sommairement le modèle "démocratique" en disant que, si le maître assume pleinement la responsabilité que lui a confiée la société de mener à bien l'acquisition de la langue écrite par l'enfant, il considère qu'il ne doit ni imposer celle-ci à l'enfant ni attendre que celui-ci en exprime le désir. Il doit plutôt faire en sorte de "responsabiliser" l'enfant vis-à-vis de cet apprentissage, c'est-à-dire de faire en sorte que la commande qu'il a reçue de la société soit intériorisée par les enfants. À la différence des modèles précédents, l'apprentissage n'est donc ni l'affaire du maître, ni l'affaire de l'enfant, mais l'affaire de l'un et de l'autre, de tous les autres.

Dans le modèle démocratique, les interactions sont décentrées par rapport au maître, mais celui-ci en est l'organisateur. Les objectifs d'apprentissage sont définis dans un espace temporel large. Ils ne s'effectuent pas suivant un ordre immuable et identique pour tous les élèves, mais dans le respect des variations inter-individuelles. C'est une des raisons du rejet du manuel d'apprentissage. De la même façon, la programmation des activités et le contrôle des acquisitions ne sont pas figés.

Il doit donc être clair, par rapport au modèle libertaire, que la demande du maître demeure présente tout au long de l'apprentissage car, chez l'enfant comme chez l'adulte, il n'est pas d'action sans une demande de l'autre, directe ou intériorisée. Le niveau des attentes du maître est identique à celui de la pédagogie autoritaire. Mais il doit être également clair, par rapport au modèle autoritaire, que cette demande ne doit pas demeurer longtemps la demande du maître uniquement. La principale garantie d'un apprentissage réussi est l'intériorisation par l'enfant de ce qui peut n'être au départ que la demande du maître.

C'est avec ce souci majeur d'amener les enfants à intérioriser le projet de savoir lire-écrire que l'on peut éviter les refus d'apprentissage évoqués au chapitre : *Apprendre à lire, est-ce bien le problème ?*, dont on ne peut éviter de faire l'hypothèse qu'une partie au moins est une réaction à la pédagogie autoritaire évoquée plus haut, et qu'un tel projet a peu de chances d'apparaître si, suivant la pédagogie libertaire, on se contente d'attendre son émergence chez l'enfant.

Précisons enfin que le modèle démocratique ne concerne que la pédagogie mise en œuvre, c'est-à-dire les modalités d'enseignement, et nullement les objectifs généraux d'apprentissage. Les objectifs définis par le législateur valent pour tous les enfants. La question débattue n'est que celle des meilleurs moyens de les atteindre. Toute démarche allant dans le sens d'une diminution de l'autorité courant le risque d'être taxée de laxisme, il importe donc de bien préciser que travailler autrement n'est pas moins travailler, mais travailler autant et mieux. Pour préciser ce point, il est nécessaire d'indiquer quels sont, pour la pédagogie démocratique, les objectifs visés à l'issue du cycle 2.

Objectifs relatifs aux enfants

Ces objectifs sont posés essentiellement en termes d'acquisition de compétences et valent pour tous les enfants.

1. Savoir travailler de manière autonome.

L'acquisition de la langue écrite offre l'occasion d'amener les enfants à apprendre à travailler de manière autonome, c'est-à-dire d'agir efficacement sans attendre en permanence ni l'aide de l'adulte ni des gratifications de sa part.

L'autonomie se mesure donc par la capacité de l'enfant de mener à bien la tâche en allant chercher les informations nécessaires dans les référenciels et/ou auprès de ses pairs mais sans faire appel à l'enseignant et de trouver dans cette activité des satisfactions personnelles suffisantes à la poursuite de l'apprentissage.

2. Savoir travailler avec les autres.

L'acquisition de la langue écrite est aussi l'occasion d'apprendre à travailler avec les autres. C'est, de ce point de vue, un moyen de socialisation et de développement d'attitudes de coopération.

3. Atteindre le niveau de maîtrise en ce qui concerne la compétence en langue écrite.

Nous distinguons (Downing et Fijalkow, 1990) trois niveaux successifs : un niveau cognitif, un niveau de maîtrise et un niveau d'automatisation.

Atteindre le niveau de maîtrise signifie que l'enfant a franchi l'étape cognitive au cours de laquelle il s'interroge sur les fonctions et les structures de la langue écrite et qu'il est entré dans la phase où les acquisitions proprement dites sont possibles. C'est ce qu'expriment les maîtres quand ils disent "il sait lire", "ça y est, il est parti", etc.

4. Aimer lire et écrire.

Une pédagogie autoritaire, ou centrée exclusivement sur certains aspects techniques de la langue, permet d'atteindre l'objectif précédent.

Toutefois, une acquisition effectuée dans des conditions dont tout plaisir est exclu, risque de déboucher sur une compétence sans emploi. L'objectif visé ici est donc de mettre en place des conditions conduisant l'apprenti-lecteur à devenir ultérieurement lecteur et scripteur.

5. Atteindre un niveau de compétence mathématique égal à celui atteint en langue écrite.

Quoique les mathématiques ne fassent pas l'objet d'un intérêt spécifique ici, cet objectif vise à éviter que la centration sur la langue écrite ne conduise à une désaffection pour les mathématiques.

6. Éviter que les difficultés d'acquisition n'engendrent d'autres difficultés.

Les mauvais lecteurs présentent le plus souvent des difficultés autres que cognitives :

- intégration dans le groupe-classe (rejet, isolement...) ;
- image de soi dévalorisée ;
- attitude négative envers les acquisitions scolaires et l'école.

Il s'agit donc de faire en sorte que, quand il y a retard d'acquisition par rapport aux autres, celui-ci demeure localisé et ne déborde pas sur la sphère affective et la vie sociale.

Objectifs relatifs aux enseignants

1. Développer la compétence à travailler en équipe.

2. Développer la compétence à faire atteindre aux enfants les objectifs visés.

3. Développer la satisfaction professionnelle.

Comment concevoir, suivant le troisième modèle pédagogique, le travail d'un enseignant ?

Un travail en partenariat

L'enfant qui apprend à lire et à écrire n'apprend pas seul, nous l'avons vu plus haut (chapitre : *On n'apprend pas à lire tout seul*). L'enseignant chargé d'aider l'enfant à mener à bien cet apprentissage n'enseigne pas seul lui non plus. Les apparences sont trompeuses : du fait que l'essentiel de l'apprentissage de la lecture-écriture se passe dans une classe entre un enseignant et un groupe d'enfants, on pourrait retirer l'impression que tout se passe là. En vérité, bien que nombre des personnes concernées n'apparaissent pas physiquement dans la classe, leur présence n'en est pas moins réelle.

Ainsi en est-il des autres enseignants (particulièrement ceux des années antérieure et postérieure), du directeur d'école (moins en France que dans bien des pays), de l'Inspecteur (relais de la hiérarchie de l'Éducation Nationale) et des parents. Ces derniers méritent une réflexion plus approfondie, car le problème qu'ils posent est particulièrement pressant en ce qui concerne cet apprentissage hypersensible. Si on examine ce que sont les relations parents-enseignant, on peut distinguer cinq cas de figure.

1

Indifférence, ignorance

Dans le premier cas de figure, les relations sont marquées par l'indifférence des uns par rapport aux autres ou par l'ignorance réciproque. C'est le "chacun chez soi" et, de ce point de vue, l'absence de problèmes. L'école est alors une forteresse imprenable.

2

Ingérence

Ce qui caractérise le second cas, c'est la volonté d'ingérence des parents et les réactions de défense des enseignants. L'importance extraordinaire que l'on accorde en France à la scolarité en général, et à l'apprentissage de la lecture-écriture en particulier (sans équivalent dans d'autres pays), se traduit chez les parents par la peur de voir leurs enfants ne pas réussir dans cet apprentissage. Cette peur, généralement entretenue par les politiques et les journalistes, provoque chez les parents un souci d'informations destinées à les rassurer.

Ce phénomène est sans doute récent et lié à l'augmentation moyenne de la durée des études en France qui, diminuant la distance entre les parents et les maîtres, amène les parents à ne plus être aussi impressionnés par les maîtres et à moins hésiter à intervenir davantage auprès d'eux.

Le problème est alors d'autant plus délicat que le niveau des parents est élevé et que les méthodes pédagogiques s'éloignent de celles qu'ils ont connues et auxquelles ils attribuent mécaniquement leur réussite scolaire. Ce n'est pas par hasard que l'innovation pédagogique se développe dans les ZEP plutôt que dans les banlieues résidentielles.

Du côté des enseignants, la diminution de cet écart augmente, en proportion, la peur d'apparaître incompétent ou de perdre le pouvoir sur leur univers et déclenche des réactions corporatives de refus et de rejet. Ce qui n'est souvent qu'une demande d'informations pour être rassuré ou pour pouvoir assurer un meilleur soutien à la maison, est perçu par les enseignants comme un contrôle intolérable ou une tentative de contrôle sur leurs actes professionnels. La réponse est donc négative. C'est le moment de "la forteresse assiégée". Si on cherche à comprendre, on est amené à penser qu'une double peur est responsable de cet état de fait : la peur des parents déclenche une réaction de peur chez les enseignants.

Se sentant en danger, les enseignants ont alors tendance à adopter une représentation exclusivement technique de leur rôle. Considérer que la tâche d'un enseignant se limite à faire travailler les élèves en classe va bien évidemment à l'encontre d'une orientation qui considère comme premiers les facteurs sociaux de l'apprentissage.

Une conception étroitement technicienne du rôle de l'enseignant conduit, en effet, à la fois à maximiser les positions corporatives et à minimiser le rôle des parents : suivant cette position l'apprentissage de la lecture est une question d'ordre technique qui est de la seule responsabilité de l'école. Par contre, considérer comme premiers les facteurs sociaux de l'apprentissage signifie que enseignants et parents sont tous deux impliqués dans cet apprentissage et qu'il ne sert à rien de multiplier les innovations sur le plan technique si les conditions sociales préalables à leur acceptation ne sont pas remplies.

Quand l'enseignant travaille dans un milieu social défavorisé, la difficulté, du côté des parents, tient plus à une attitude de respect excessif nourri de sentiment d'indignité qu'à une attitude hostile qui, les études le montrent, est beaucoup plus rare. L'enseignant doit alors se considérer comme un agent de changement social avant de se considérer comme un technicien de la connaissance. Opérationnellement, c'est à lui qu'il revient de "faire le premier pas", car cette initiative est trop coûteuse narcissiquement aux parents. Une attitude corporative de division stricte des rôles éducatifs peut être perçue comme hautaine et renforcer les attitudes de mise à distance des parents et, conséquemment, des enfants.

Les contacts entre parents et enseignants peuvent amener l'enfant à ne plus se poser le problème en termes de choix, un choix dans lequel, le plus souvent, il "prend le parti" des parents et refuse les apprentissages. Il peut être moins enclin à vivre sa vie comme divisée entre deux mondes différents, celui de la maison et celui de l'école. Notons que, pour l'adolescent, le conflit ne sera plus entre la maison et l'école mais entre "les copains" et l'école.

Dans les écoles de Sicile évoquées plus haut, les enseignants se considèrent comme des agents de changement social, et les parents participent de manière extraordinaire à la vie de la classe et de l'école.

3
Acceptation avec domination

La réaction de refus n'est que de courte durée et on voit assez vite apparaître une autre attitude chez les enseignants. Celle-ci consiste à accéder à la demande des parents, mais en règlementant le droit d'ingérence accordé. On observe alors que, si les parents sont acceptés, c'est avec des rôles bien définis : rôles d'auxiliaires (pour des sorties, des fêtes, etc.), rôles de spectateurs (journées Portes Ouvertes, séances d'information, de présentation des résultats).

En fait, avec une acceptation ainsi modulée, on voit que l'enseignant n'a rien abandonné. Ce qui s'est mis en place est une acceptation-domination. Les parents ne sont pas dupes et se contentent tant bien que mal de ce qui leur a été concédé.

4
Acceptation-juxtaposition

Le quatrième cas de figure, très récent, module de manière encore différente la place qui est faite aux partenaires dans l'école. L'acceptation d'une présence se fait maintenant non plus sous forme de domination mais de juxtaposition. On peut penser ici aussi bien au développement des activités péri-scolaires dont l'école est le siège, qu'au développement d'activités de soutien provenant d'un secteur associatif en plein essor.

Qu'il s'agisse d'activités plutôt culturelles, sportives ou plus liées aux apprentissages scolaires, ce qui nous paraît caractériser ce développement, c'est le fait qu'il s'effectue essentiellement à côté des apprentissages proprement dits. Tout se passe alors comme si l'école acceptait ces partenaires mais en les mettant à distance, en les isolant de ce qu'elle considère lui revenir en propre.

5

Intégration

Le dernier cas de figure constitue une forme qui diffère largement des précédentes dans la mesure où, dans ce cas, l'intégration est la règle. C'est ce qui se produit quand les enseignants intègrent véritablement les partenaire extérieurs aux activités considérées comme fondamentales.

Une telle intégration suppose une politique dans le cadre de laquelle des projets sont élaborés en commun et qui débouche sur des conventions instituant des règles claires de fonctionnement. Elle n'est pas possible tant que chacune des parties ne voit pas clairement quels avantages elle peut en retirer et n'est pas convaincue qu'il y a là un des plus sûrs moyens de réduire le conflit culturel que vivent les enfants de milieu social défavorisé.

Le mouvement d'ouverture de l'école à d'autres partenaires est maintenant enclenché. C'est un mouvement nécessaire et, sans doute, inévitable. Il faut en inventer les formes. Les formules sont nombreuses et variées, à adapter suivant le contexte. Nous en indiquerons quelques unes qui se sont révélées intéressantes, en nous en tenant au cas des parents.

Les parents : formes du partenariat

Participation aux activités scolaires

Pour avoir vu des parents venir seconder l'enseignant dans les classes, lors d'activités de lecture-écriture dans des écoles type ZEP, en Israël comme en Sicile, nous savons que cette formule est possible et produit d'étonnants résultats. Les partenaires concernés peuvent être des associations de parents d'élèves ou des parents individuels.

La rencontre triangulaire

Si, comme nous le supposons, la représentation que se fait l'enfant des attentes de ses parents est erronée (voir chapitre : *On n'apprend pas à lire tout seul*), il faut alors faire prendre conscience à l'enfant de son erreur.

La démarche effectuée dans ce cas n'a plus rien à voir avec le terrain académique ; le problème va être attaqué sous l'angle social. L'enseignant demande aux parents d'entrer en contact avec lui en venant le rencontrer à l'école. Bien entendu, cette démarche ne va pas de soi et il n'est pas toujours facile d'obtenir que cette rencontre ait lieu.

Cette question étant résolue, il convient ensuite que, quand le parent vient à l'école, il ne rencontre pas le seul enseignant. Quelque intérêt que présente une rencontre duelle, celle-ci laisse hors jeu le principal intéressé, l'enfant. Trop indirecte, elle risque de demeurer sans effets. La rencontre est donc triangulaire : elle met en présence les trois protagonistes : l'enfant, le parent et le maître.

Le rôle du maître consiste alors à ce que, de cette rencontre, résulte un contrat d'apprentissage entre les trois partenaires. Cette rencontre doit permettre à l'enfant de se rendre compte que sa perception de la situation était erronée, que ses parents n'ont pas d'autre désir que le maître et qu'il n'a nulle crainte à avoir à s'engager dans les apprentisages scolaires.

Les résultats obtenus à l'issue de ces rencontres triangulaires sont spectaculaires disent les enseignants. Sitôt après la rencontre, l'enfant change totalement d'attitude en classe et se met d'arrache-pied au travail. Il semble apaisé, tout comme si un conflit qu'il vivait douloureusement avait été résolu.

Négocier explicitement le contrat d'apprentissage qui n'a pu se mettre en place naturellement est certainement une mesure valable mais qui, pour ne pas perdre son efficacité, ne devrait pas être utilisée à tout bout de champ mais, au contraire, être réservée aux situations les plus difficiles.

La simulation de la classe

Elle consiste à refaire avec les parents, en un temps plus bref, certaines séquences de classe. Dans cette situation, le maître conserve son rôle alors que les parents adoptent celui de leur enfant.

Cette technique est particulièrement utile quand la pédagogie mise en œuvre est très nouvelle et déconcerte les parents. Certains parents, désireux d'aider leurs enfants après la classe, s'inquiètent de ne pouvoir le faire, faute de savoir comment procède le maître. La simulation, en tant que moyen concret d'information, désamorce l'agressivité et les apprentissages parallèles plus ou moins heureux qui résultent de l'absence d'information.

La visite de classe

Il s'agit, une fois par trimestre environ, d'inviter les parents qui le désirent à assister à un moment de classe. À la différence de la simulation, les parents se contentent d'observer. C'est une formule voisine de la technique précédente mais ici les parents sont moins actifs.

Le "cocktail" trimestriel

Une fois par trimestre, tous les parents sont invités à une rencontre avec tous les enfants et tous les enseignants de l'équipe pédagogique. La préparation de cette rencontre implique les trois partenaires : invitation des enfants, réponse des parents, confection de boissons et de nourriture avec des ingrédients venus des familles.

Lors de la rencontre, les parents peuvent s'informer grâce à l'exposition qui a été préparée à leur intention et aux maîtres que l'on peut accoster sans cérémonie, mais le rituel habituel d'une rencontre parents-enfants est exclu : parents assis dans la classe, maître leur expliquant... car ce rituel, socialement codé, va rigoureusement à l'encontre des buts poursuivis : permettre à chaque parent d'accéder à l'information qu'il désire et établir des relations directes avec l'enseignant. Toutefois, il est difficile pour l'enseignant de renoncer au refuge sécurisant que procure ce rituel.

Les groupes de parents

Dans cette formule, les parents intéressés se retrouvent après la classe avec le psychologue scolaire et un observateur, sans participation obligée du maître.

Lors de la première séance, on décide des thèmes de chaque séance et du calendrier pour l'année. Une séance dure moins d'une heure. À la différence des formules précédentes, cette formule exclut tout apport d'informations de la part de l'école.

Dans les essais réalisés, ceux, effectués en grande section d'école maternelle, semblent avoir été particulièrement fructueux. La raison en est sans doute, qu'à ce moment-là, le souci de la lecture est très fort chez les parents, sans être trop présent comme c'est le cas l'année suivante. Le groupe permet à chacun de prendre conscience que le problème qui le préoccupe n'est pas un problème strictement personnel. Voir que d'autres le partagent déculpabilise et rend plus disponible pour l'action.

On peut imaginer beaucoup d'autres formules permettant de faire participer les parents à la vie de l'école. Le problème n'est ni d'en faire le tour, ni d'en comparer les mérites respectifs. La question qui se pose alors est de savoir ce qui fait obstacle à l'établissement de ces contacts.

Quel enseignement ?

TRAVAIL D'ÉQUIPE, SITUATIONS, ÉVALUATION

Partant de ce qui nous paraît capital, les conditions sociales de l'action, de même qu'il nous paraît souhaitable que les enfants travaillent en groupe, il nous paraît souhaitable que le pédagogue travaille en équipe.

Un travail d'équipe

Cette équipe peut être constituée dans l'école ou entre écoles voisines. Il est, en effet, extrêmement difficile d'innover seul car :

- l'innovation est anxiogène

Dans la mesure où, en effet, elle comporte une prise de risque, elle insécurise ; il est donc préférable d'être plusieurs pour l'entreprendre, de façon à bénéficier du secours des autres. On sait en effet que, dans toutes les situations psychologiquement difficiles, le groupe de pairs constitue un puissant support affectif.

- L'innovation dérange

Pour faire face au scepticisme ou aux critiques, le groupe joue également un rôle très important.

- L'innovation demande un important renouvellement du matériel pédagogique

Mieux vaut être plusieurs pour se le procurer ou le construire.

Préparer des situations d'apprentissage

Admettant qu'on ne sait pas très bien comment un enfant apprend à lire et à écrire - pas plus qu'on ne sait très bien comment il apprend à parler ou comment il acquiert une langue seconde - on est conduit à abandonner l'idée de programme à suivre ou de progression basée sur une théorie de l'écrit, qu'il s'agisse de la théorie suivant laquelle l'écrit est un ensemble de mots ou de la théorie suivant laquelle l'écrit est un ensemble de correspondances grapho-phonétiques.

On a vu, dans les deux cas, que l'apprentissage ne s'effectue pas nécessairement en suivant ce type de théorie. Il n'y a pas de raison de penser qu'une autre théorie de l'écrit ne conduirait pas aux mêmes incertitudes. Mieux vaut donc être modeste et, admettant qu'on ne sait pas quelles propriétés de la langue sont préférables à d'autres, se dispenser d'une théorie de l'écrit et se contenter de mettre en place des situations dans lesquelles l'enfant effectuera les apprentissages qu'il voudra, suivant ses découvertes successives des propriétés de l'écrit.

Le rôle de l'enseignant est alors de préparer des situations permettant l'apprentissage, c'est-à-dire des tâches à réaliser (tâches de lecture, d'écriture, etc.) et le matériel nécessaire (livres, journaux, etc.) et d'apporter son aide pour vaincre les difficultés rencontrées. Ce n'est pas si simple.

Nous avons vu plus haut (chapitre : *On n'apprend pas à lire tout seul*) quelles situations peuvent être mises en place et de quelle façon le maître peut intervenir. D'autres facteurs sont à prendre en considération : les conditions de travail de l'enfant, la nature des interventions de l'enseignant.

Les conditions de travail de l'enfant (atelier autonome)

Un matériel attrayant, abondant, diversifié par le contenu, la présentation, la couleur, le degré de difficulté (les enfants les moins avancés comme les plus avancés doivent pouvoir y trouver un matériel à leur niveau), mais en un seul exemplaire chaque fois, est nécessaire à un travail autonome.

Un tel matériel permet alors de remplacer les choix de l'adulte par les choix de l'enfant. Ce critère de choix est particulièrement important. En effet, dans la mesure où chaque atelier d'entraînement comporte des activités de niveaux différents, c'est aux élèves, et non plus au maître, qu'il appartient de choisir le niveau de l'activité à réaliser. Ceci constitue une réponse pratique au problème redoutable de l'hétérogénéité des niveaux, la possibilité de remplacer un discours unique par des offres différenciées. Deux composantes fonctionnelles de cette situation sont à souligner :

- *une entière liberté de choix* : chaque groupe de travail a à sa disposition une boîte dans laquelle se trouve le matériel permettant l'activité propre à cet atelier ;

- *une entière liberté d'action* : chaque enfant est libre de prendre le matériel pendant le temps qu'il désire, de le laisser pour en prendre un autre, de choisir un matériel facile ou difficile, etc.

À ces conditions, il faut ajouter l'absence totale de contrôle de la part de l'enseignant, à quelque moment que ce soit : choix du matériel, exécution de l'activité, examen du travail effectué.

Les enfants, dans cette situation, sont évidemment libres d'avoir entre eux autant d'interactions qu'ils le souhaitent. Ils utilisent largement cette possibilité, le niveau de bruit dans la classe en témoigne, mais c'est un bruit qui s'apparente davantage à celui d'une ruche qu'à celui d'une cour de récréation : c'est le bruit naturel de personnes qui travaillent côte à côte.

En d'autres termes, on remplace le couple correction-notation (risques de harcèlement pédagogique) par le couple concertation-préparation.

Les interventions de l'enseignant (atelier d'accompagnement)

- sur les stratégies

L'observation montre que les stratégies de résolution des tâches de langue écrite proposées aux enfants ne vont pas de soi. En effet, les difficultés rencontrées par les élèves ne tiennent pas, souvent, à des ignorances ou à des incapacités, mais à l'incompréhension de ce qu'il faut faire ou de la manière dont il faut s'y prendre pour le faire.

L'enseignement, en général, se préoccupe plus d'enseigner des connaissances que des savoir-faire : le quoi l'emporte sur le comment. Il convient donc d'aider davantage les enfants à construire et/ou à découvrir la stratégie qui convient pour résoudre telle ou telle tâche. Un intervenant efficace ne se contente pas de donner une activité à réaliser ; il demande à l'enfant ce qui est à faire et comment il va le faire et, en cas de besoin, l'aide à construire ou à choisir la stratégie qui convient.

- le développement d'une attitude métalinguistique

Dans le cas particulier de l'entrée dans l'écrit, l'adoption par l'enfant d'une attitude métalinguistique demande un soin particulier. *Lire et raisonner* (Downing & Fijalkow, 1990) défend la thèse qu'on ne peut entrer dans l'écrit directement, au premier degré en quelque sorte. L'apprentissage de la lecture demande une réflexion sur l'objet de la lecture. Il en est de même pour l'acquisition de la langue écrite en général. Induire chez l'enfant une attitude métalinguistique, une attitude de réflexion sur la langue écrite, paraît être une nécessité, compte tenu de la nature particulère de l'objet écrit.

Ceci peut s'effectuer très simplement par des questions d'objectivation consistant, par exemple, à demander à l'enfant qui a réussi à identifier un mot comment il a fait, qu'est ce qui lui permet de dire que c'est bien ce mot. L'enfant est alors amené à expliciter l'indice (ou les indices) qu'il a utilisé(s). La prise de conscience qu'il effectue à cette occasion peut lui servir d'outil à une autre occasion. Les réponses fournies sont également éclairantes pour les autres. Demander aux enfants de justifier leurs choix peut se faire également en situation d'écriture. Ainsi s'entrouvre la porte conduisant à la découverte de l'univers passionnant de l'orthographe.

D'une attitude normative à une attitude explicative

Quand on se propose, en pédagogie de la langue écrite, de faire évoluer des pratiques, on définit généralement des activités différentes de celles qui sont pratiquées d'ordinaire. Étant donné la nature des hypothèses que nous avons énoncées dans cet ouvrage, nous ne proposerons pas en priorité de nouvelles activités mais plutôt une nouvelle façon de se comporter dans des situations habituelles. À un problème que nous avons défini comme de nature sociale, nous avons donc proposé diverses solutions de nature sociale et le recours que nous faisons à la psycholinguistique épouse cette même perspective.

Ce qui nous paraît alors éminemment souhaitable pour faire évoluer les pratiques, c'est d'amener l'enseignant à passer de l'attitude normative habituelle à une attitude explicative. Ce à quoi nous nous attachons donc ce n'est pas, dans un premier temps, au renouvellement de la batterie des activités proposées aux enfants, mais au changement du regard que les maîtres portent sur les enfants. Il s'agit donc de passer d'une attitude normative à une attitude explicative.

L'attitude explicative s'oppose sur un certain nombre de critères à l'attitude normative dominante. Pour les identifier, au moins partiellement, nous nous placerons délibérément, après définition, dans une situation particulière, celle de l'enseignant confronté à une production de l'enfant.

Définitions

Attitude normative : évaluer toute production de l'enfant par rapport à une norme adulte.

Attitude explicative : ne pas chercher à évaluer la production de l'enfant mais l'analyser pour pouvoir l'expliquer.

Évaluation de la qualité d'une production

Attitude normative : la qualité se définit comme la grandeur de l'écart à la norme ; plus une production est proche de la norme, plus elle est considérée comme satisfaisante ; plus elle s'en éloigne, plus elle considérée comme insatisfaisante.

Attitude explicative : une production n'est ni satisfaisante, ni insatisfaisante (les psychologues ont coutume de dire que "l'enfant répond toujours juste aux questions qu'il se pose"), l'évaluer consiste à énoncer le niveau atteint par l'enfant dans l'apprentissage.

Conséquences de l'évaluation

Attitude normative : en situation d'apprentissage, toute production est nécessairement erronée et l'enseignant est donc amené en permanence à émettre des avis négatifs sur la production des enfants ; le risque majeur est la dévalorisation de l'enfant.

Attitude explicative : en situation d'apprentissage, toute production correspond nécessairement à un certain niveau de progression ; le communiquer constitue une information positive si l'on met l'accent sur le chemin déjà parcouru ; l'enseignant procédant ainsi éprouve de l'admiration pour l'ingéniosité de l'enfant.

Statut de l'erreur

Attitude normative : l'erreur est négative ; perçue comme écart vis-à-vis de la norme, elle doit être sanctionnée pour disparaître.

Attitude explicative : l'erreur est neutre, source d'informations ; cette attitude diffère donc aussi bien de l'attitude a priori positive des pédagogies nouvelles (glorification de l'expression libre, de la créativité, etc. que de l'attitude d'une pédagogie normative, conduite, le plus souvent, à pointer des erreurs et donc à être le plus souvent négative.

Origine de l'erreur

Attitude normative : l'erreur est due au hasard ("n'importe quoi") ou entre dans une catégorie morale telle que paresse, inattention, mauvaise volonté, etc. ; en tout état de cause, elle ne mérite pas qu'on s'y arrête.

Attitude explicative : l'erreur est "significative" ; elle résulte de l'application, inappropriée dans le contexte donné, d'une règle valable ailleurs, d'une hypothèse inadéquate, ou manifeste l'existence d'une représentation non conforme au système. Elle mérite un maximum d'attention car son analyse est susceptible de révéler ce qui fait difficulté à l'enfant, le "raisonnement" de l'enfant.

Représentation du travail cognitif de l'enfant

Attitude normative : l'enseignant n'a pas de représentation du travail cognitif de l'enfant ; il opère sur des entrées - les tâches à effectuer par l'enfant- et des sorties - les productions des enfants - sans s'interroger sur ce qui s'est passé entre les deux, sur le contenu de "la boîte noire", c'est-à-dire sur ce qui a amené tel enfant à produire telle réponse ; le résultat informe sur le niveau de la classe.

Attitude explicative : l'enseignant se construit une représentation des processus cognitifs mis en œuvre par les enfants dans la tâche ; il y parvient en analysant les productions des enfants afin de découvrir ce qui a pu amener tel enfant à produire telle réponse ; le résultat informe sur les modalités de travail cognitif des enfants

Définition de l'enseignement

Attitude normative : bien connaître la norme (d'où le poids conféré aux connaissances lors du recrutement et de la formation des maîtres), savoir reconnaître les écarts à cette norme, savoir les évaluer.

Attitude explicative : être capable de comprendre ce qui se cache d'intelligent sous la faute qui paraît stupide au regard de la norme ; s'appliquer à comprendre le raisonnement de l'apprenant ; savoir mesurer le chemin parcouru et à parcourir par l'enfant.

Évaluation

Les fonctions et les effets

La pratique la plus répandue dans les classes où l'on apprend à lire et à écrire consiste à noter systématiquement tous les travaux que font les enfants. Il faut alors se demander quels peuvent être les effets de cette pratique, surtout si elle se complète de la possibilité, pour chaque enfant, de connaître les résultats des autres.

L'évaluation systématique des résultats est particulièrement importante car l'importance qu'y confère l'enfant est à la mesure de l'importance que les adultes (maître, parents) lui attribuent. L'évaluation a pour fonction officielle de fournir une information relative à la progression de l'apprentissage. Les notations répétées ont-elles cette fonction informative ?

Si on observe l'enfant qui prend connaissance de l'évaluation de son travail, on s'aperçoit que sa prise d'information se rapporte plus à la note attribuée qu'à ce qui la justifie. Après avoir pris connaissance de la note reçue, son mouvement consiste, en effet, non pas à en approfondir les raisons de la note qu'il a reçue, mais à s'informer de la note de ses voisins et à retirer de la comparaison qu'il effectue alors une évaluation de sa valeur personnelle.

Dans la mesure où il est nécessaire à l'enfant de se situer par rapport aux autres, il trouve aisément les informations utiles dans les formules de travail en atelier présentées plus haut, aussi bien en situation de travail autonome qu'en atelier d'accompagnement. Nul n'est besoin pour cela de noter toutes les productions qu'il effectue.

À quoi renvoie donc la pratique de la notation répétée ? À la nécessité de contrôler le comportement des enfants. C'est, en amont, un moyen efficace de les faire travailler et, en aval, un moyen d'assurer son autorité sur le travail effectué. Cette pratique renvoie donc au modèle de la pédagogie autoritaire esquissé ci-dessus. Elle a pour effet, par ailleurs, d'accélérer le processus de comparaison sociale et d'aiguiser l'esprit de compétition. La pratique répétée de la notation joue donc un rôle capital dans la vie de l'enfant.

Si cette pratique répond donc moins aux besoins de repérage des enfants qu'aux nécessités d'un modèle pédagogique, qu'en est-il des parents ? Ceux-ci ont-ils besoin d'une notation systématique ? On peut en douter si on admet que leur seul véritable besoin est d'être assurés que leur enfant progresse. Ici encore, pour rassurer les parents, il existe bien d'autres moyens que ceux que propose le modèle de la pédagogie autoritaire.

Peut-être ce type d'informations est-il alors nécessaire à l'enseignant ? Dans une structure de classe en ateliers où, globalement, l'enseignant passe environ un quart d'heure avec chaque groupe d'enfants, l'enseignant sait parfaitement où en est chaque enfant et n'a pas besoin de ce type d'informations.

Néanmoins, il est vrai, le fait de noter systématiquement chaque activité de l'enfant est une composante très forte de l'identité professionnelle de l'enseignant et rend extrêmement difficile un usage plus modéré de la notation. Pourtant, à l'expérience, celui-ci permet une amélioration sensible du climat de la classe et facilite d'autant l'entrée dans l'écrit.

Sans remettre en cause la pratique de la notation, on peut questionner la nécessité de l'usage systématique qui en est faite, à cet âge et pour cet apprentissage et souligner que, dans ce cas, la fonction informative tend à s'effacer devant la fonction de contrôle du comportement.

Traiter de l'évaluation, c'est également définir ce qu'il convient évaluer et comment, et ce qu'il convient de ne pas évaluer. Suivant la logique qui privilégie les conditions sociales de l'apprentissage, c'est par ceux-ci qu'il importe de commencer.

Les aspects sociaux

La façon dont l'enfant se situe par rapport aux autres est, nous l'avons dit, une condition importante de la possibilité d'entrer pour lui dans un apprentissage cognitif difficile. C'est pourquoi il est important de savoir où se situe l'enfant par rapport aux autres enfants qui constituent le groupe-classe.

La sociométrie, dont nous avons vu plus haut qu'elle constitue un outil précieux pour l'organisation de groupes de travail, fournit également de précieuses informations sur chaque enfant dans le groupe-classe. Elle indique, par exemple, quels sont les choix qu'il a reçus et combien, de même que les rejets, leur nombre et leur origine. Elle présente également comment la classe est structurée en sous-groupes et dessine, ce faisant, une géographie des relations sociales souterraines dont l'enseignant, armé de ses seules observations, n'a qu'une idée très incomplète.

Armé de ce type d'informations, l'enseignant peut alors repérer ce qui, chez certains, renvoie à une difficulté d'ordre relationnel et chercher comment y porter remède. Il peut également, se rendre compte que, pour d'autres, c'est vers d'autres hypothèses qu'il lui conviendra de s'orienter.

Prendre en considération ce type de facteurs amène à dépasser ce qu'une conception trop focalisée sur les acquisitions peut avoir de réducteur et de superficiel et, partant, acquérir de nouveaux pouvoirs. Il y a là une autre façon de donner vie au principe, si bien affirmé en haut lieu mais si peu concrétisé sur le terrain, de "centrer la pédagogie sur l'enfant".

Les aspects personnels

Une séquence banale de la vie scolaire ordinaire peut être sommairement décrite ainsi :

- l'enseignant veut faire atteindre certains objectifs aux enfants ;
- certains enfants n'y parviennent pas ;
- l'enseignant ne comprend pas les raisons de ces difficultés et a souvent une réaction d'agacement qui prend la forme de remarque critique adressée à l'enfant ;
- ces remarques ont pour effet de dévaloriser l'enfant ;
- cette dévalorisation fait alors obstacle à l'apprentissage.

Il existe, en effet, une corrélation très nette entre le nombre de remarques négatives adressées aux enfants et les résultats obtenus par ceux-ci : les remarques négatives sont surtout adressées aux élèves les plus en difficulté. On peut craindre, de plus, que la dévalorisation qui en résulte soit d'autant plus grave que l'on a affaire à des enfants que le fait même de se trouver en situation scolaire met mal à l'aise.

L'existence d'un climat relationnel de qualité paraît être d'une importance capitale : en effet, on peut noter, à l'inverse, que dans les classes dont les résultats sont satisfaisants, les remarques négatives sont inexistantes. Dans toutes ces classes on éprouve une impression de complicité entre les enfants et l'enseignant, le sentiment que leurs relations reposent sur une confiance réciproque.

Ici se trouve, sans doute, un des points les plus délicats de la vie de la classe. Il ne s'agit pas, bien sûr, d'accabler les maîtres, ni de leur demander simplement de changer de comportement. S'ils le pouvaient, ils le feraient. La question est de savoir comment procéder pour obtenir un changement d'attitude vis-à-vis des difficultés des enfants. La réduction au minimum des jugements de valeur portant sur la personne ou de ce qui peut y conduire, est sans doute une voie à suivre.

Au bout du compte, autant il paraît nécessaire de réserver aux aspects sociaux une évaluation spécifique, autant il nous paraît nécessaire d'éviter les jugements de valeur qui, mettant en cause la personne de l'enfant, dépassent le cadre de l'apprentissage scolaire.

Les aspects psycholinguistiques

Tenter de savoir où en est un enfant dans son apprentissage de la langue écrite, amène à prendre en considération quatre points.

1. L'objet à évaluer : les acquisitions/la compréhension

Dans les épreuves d'évaluation que l'on effectue généralement, deux caractéristiques nous frappent :

- les activités de lecture sont privilégiées par rapport à toute autre activité ;
- l'évaluation est une évaluation de connaissances : combien et quelles combinaisons grapho-phonétiques l'enfant a-t-il acquises ? ou, combien et quels mots a-t-il acquis ?

Les épreuves dites de "rendement" (vitesse de lecture, nombre d'erreurs, rapport de l'une à l'autre) présupposent, elles aussi, une compétence acquise et se préoccupent de savoir jusqu'à quel point elle l'est alors que le problème est en amont.

En procédant ainsi, on ne peut savoir "ce que savent les enfants qui ne savent pas lire", ces enfants qui échouent inévitablement aux épreuves signalées car ils n'ont pas atteint le niveau-seuil à partir duquel on peut mesurer leurs connaissances en lecture. Ces enfants, qui demeurent en amont de la langue écrite, sont pourtant ceux qui font le plus problème. Les instruments existants partent de trop haut pour pouvoir évaluer que ces enfants, bien qu'échouant aux tests de lecture, ont pourtant des acquis intéressants qu'il est possible d'évaluer en s'y prenant autrement.

Ce que nous proposons d'évaluer n'est donc pas des connaissances qu'ils ne possèdent pas encore, ni un rendement dans une conduite qu'ils n'ont pas, mais le point où ils en sont dans leur acquisition de la langue écrite, c'est-à-dire non pas ce qu'ils ont appris en langue écrite mais ce qu'ils ont compris de la langue écrite.

2. Le niveau de compétence en langue écrite : les tâches de langue écrite

L'évaluation du niveau de compétence en langue écrite suppose que l'évaluation concerne bien la langue écrite en général et pas seulement l'activité de lecture. Pour pouvoir diagnostiquer le niveau atteint par l'enfant, il faut donc lui proposer des tâches de langue écrite situées à différents degrés de complexité cognitive.

On saura, par exemple, que si, avec un matériel donné, un enfant est incapable de signalement, nul n'est besoin de poursuivre en lecture et en écriture.

Par contre, un autre enfant peut être capable de signalement et de lecture mais non pas d'écriture.

Un troisième enfant peut fort bien réusir aux trois épreuves de signalement, lecture et écriture mais, comme on l'a vu dans un exemple donné plus haut, ne pas parvenir à reconstituer un mot à partir de ses lettres.

Le niveau de compétence en langue écrite atteint par le sujet se déduit donc de l'ensemble des tâches qu'il réussit à effectuer.

3. Les unités et leurs relations

Le travail à réaliser consiste maintenant à identifer chez l'enfant auquel on s'intéresse ce que sont :

- **ses unités d'oral** : parvient-il à segmenter un énoncé oral en mots ? en syllabes ? en phonèmes ?

La segmentation en mots pourra être examinée par la dictée à l'adulte et, pour les autres unités, par l'épreuve de Liberman (1971) ou d'autres épreuves utilisées à l'Université Libre de Bruxelles.

- **ses unités d'écrit** : parvient-il à segmenter en mots ? en lettres ?

La segmentation de l'écrit en mots peut être étudiée en plaçant l'enfant devant l'écriture en continu d'une phrase et en lui demandant de séparer les mots par une barre verticale ; une autre façon de procéder est de faire écrire l'enfant (phrase copiée ou dictée, ségmentée en mots).

- **les relations qu'il établit entre elles** :

  - **de l'oral à l'écrit**
  - **et de l'écrit à l'oral**

La correspondance terme à terme est-elle acquise ? Pour quelles unités ? Ces relations sont-elles stables ?

De très nombreuses tâches de langue écrite peuvent être utilisées pour répondre à ces questions.

4. Les représentations

Identifier ce que sont les obstacles psycholinguistiques qui empêchent un enfant d'entrer dans l'écrit est une démarche complémentaire des évaluations précédentes.

Le principe étant que, pour entrer dans l'écrit, il faut parvenir peu à peu à comprendre ce que sont ses propriétés fondamentales, la question n'est plus maintenant de savoir celles qu'il a comprises mais celles qu'il n'a pas comprises.

Plus précisément, pour parvenir à une réponse à ce sujet, la meilleure façon de procéder n'est pas de chercher à comprendre ce que l'enfant n'a pas compris mais comment il a compris certains aspects de la langue écrite. En effet, en procédant ainsi, on se rend compte que c'est moins une absence de représentation qui fait problème qu'une représentation infantile à laquelle l'enfant demeure attaché et qui l'empêche de voir ce qui est en réalité.

Quelques exemples de représentations erronées serviront à illustrer ce point :

1. *Une petite différence n'a pas d'importance*

l'enfant ne différencie pas **m** et **n**

2. *Un objet demeure le même quel que soit sa position dans l'espace*

confusions entre les lettres **b**, **d**, **p** , **q**

3. *L'écrit, c'est des suites de lettres* ; plusieurs faits consolident l'hypothèse d'une telle représentation :

- les pratiques pédagogiques, en lecture comme en écriture, reposent largement sur le mythe d'une langue parfaitement phonétique ;

- une des hypothèses de l'enfant est “l'hypothèse syllabique” (une lettre = une syllabe orale) ;

- une autre hypothèse est “l'hypothèse grapho-phonétique” (une lettre = un phonème) ; cf. l'écriture “phonétique”.

Qu'une telle représentation de la langue écrite puisse faire problème est manifeste dans deux situations :

- dans la situation de copie de texte, à un moment donné, les enfants copient systématiquement le texte, lettre à lettre ;

- en situation de lecture, des enfants s'efforcent de faire correspondre un phonème à chacune des lettres qu'ils distinguent, mais comment faire alors pour lire des mots comme *eau*, les lettres muettes et, de manière générale, les innombrables formes graphiques qui font que la langue française n'est pas uniquement phonographique ?

Le fait de ne pas comprendre a ici les mêmes conséquences que dans un problème de mathématiques : il oriente dans une autre direction ; avoir une représentation fausse fait agir autrement que ce qu'il faudrait.

Perspectives

Présenter une façon de concevoir l'entrée dans l'écrit éclairée par la recherche scientifique aussi bien que par la recherche-action conduit à présenter des pistes multiples, certaines à peine esquissées, d'autres déjà clairement dessinées.

En tout état de cause, étroitement articulées à la recherche, la recherche scientifique et la recherche-action ne sauraient être considérées autrement que comme des formulations et des propositions de travail. Certaines demandent à faire l'objet d'une procédure de vérification scientifique. Toutes doivent être considérées comme un moment d'un travail qui, parce qu'il porte sur un objet en perpétuel changement - l'homme -, ne sera jamais achevé.

Parvenir, ce faisant, à nourrir le débat d'idées et à orienter l'action, ne va pas sans de multiples difficultés. Certaines tiennent à la distance entre ce qui est avancé et l'état des idées à ce sujet. Elles relèvent donc de la sphère cognitive. D'autres répondent plutôt à des conditions institutionnelles et renvoient dès lors à une problématique politique.

En guise de conclusion, et pour ouvrir à ces perspectives, un exemple a été retenu pour illustrer chacune de ces dimensions. Il permettra de mesurer l'ampleur de l'enjeu et d'évaluer l'intérêt qu'il présente. Le premier concerne l'écriture et le second les relations entre les acteurs du monde de l'éducation.

Importance de l'écriture

La mise en œuvre pédagogique de la conception de l'entrée dans l'écrit, proposée dans cet ouvrage, exige une transformation des façons de voir et de faire comparable dans son ampleur à celle que certains pédagogues ont adoptée ces dernières années en matière de lecture.

Placer un enfant devant un texte authentique et se proposer de l'aider à en découvrir le sens, au lieu de lui présenter la langue écrite comme un ensemble d'éléments à assembler ou à mémoriser suivant un programme prédéterminé, constitue un changement considérable en matière de lecture. Certains l'ont effectué.

Il nous paraît nécessaire maintenant d'opérer un changement du même ordre pour l'écriture. Admettre que l'enfant est, dès le départ, tout aussi capable de produire un texte que de lire un texte est le défi que les pédagogues ont à relever.

C'est une question de cohérence. C'est aussi un moyen de lever un des derniers obstacles qui demeurent devant l'enfant pour une appropriation réussie de la langue écrite.

Les acteurs du monde de l'éducation

On peut condidérer que l'Éducation Nationale rémunère des personnes qui remplissent cinq types de fonctions : décision, gestion, formation, enseignement, recherche. La question est alors de savoir, en s'en tenant aux fonctions de *formation*, d'*enseignement* et de *recherche*, quelles sont les relations qu'entretiennent les uns avec les autres les acteurs qui en sont chargés.

Dans l'état actuel des choses, il paraît clair que des trois couples possibles entre formateur, enseignant et chercheur, un seul fonctionne véritablement : le couple formateur-enseignant. Les deux autres couples - chercheur-formateur et chercheur-enseignant - n'existent pas vraiment. En d'autres termes, dans la France actuelle, pour dire les choses crûment, la formation et la recherche fonctionnent indépendamment l'une de l'autre. Les chercheurs produisent du savoir pour leur propre compte tandis que les formateurs forment les enseignants indépendamment de ce savoir.

Bien sûr, en s'exprimant ainsi, on caricature quelque peu la situation. Bien des formateurs se tiennent au courant des recherches, en lisant les résultats des travaux des chercheurs, en assistant à des rencontres où ils leur sont présentés, ou en invitant les chercheurs à venir parler de leurs travaux dans des stages, mais rien n'oblige les formateurs à effectuer ce type de démarche ni les chercheurs à accéder à ce type de demande. Ces contacts demeurent demeurent donc occasionnels, insatisfaisants pour les uns comme pour les autres.

De tout ceci résulte une certaine confusion. Cette confusion est imputable sans doute à un double développement, celui de la formation continue et celui de la recherche. La multiplication des stages et des rencontres de toutes sortes, tout comme la multiplication des recherches potentiellement intéressantes pour l'enseignement, font que les uns font appel aux autres, que certains s'expriment à tout propos, et que l'on ne sait plus très bien qui fait quoi ou qui sait quoi. L'utilisation abusive du terme "recherche" est un exemple de la confusion actuelle.

Pour y voir plus clair et dessiner des perspectives, il paraît donc utile de reconsidérer les trois termes de *recherche, formation*, et *enseignement* et d'examiner tour à tour deux voies : la voie descendante et la voie ascendante. Il ne s'agit ici évidemment pas de différences de nature hiérarchique mais de différences de fonctions.

Suivant **la voie descendante**, nous rencontrons d'abord le chercheur. Le chercheur a pour fonction d'élaborer des connaissances. Quelles connaissances ? Celles qui résultent de l'état de sa discipline, de l'évolution de celle-ci. Le questionnement scientifique a sa logique propre et celle-ci commande en partie la nature des questions étudiées.

Les recherches une fois achevées sont, dans un second temps, communiquées aux autres, à ceux qu'elles peuvent intéresser. Communiquées d'abord aux autres chercheurs, mais aussi à leurs utilisateurs potentiels.

À ce moment du processus, le chercheur devient donc formateur. À qui doit-il s'adresser préférentiellement ? Qui est le mieux à même de tirer parti des connaissances proposées : l'enseignant ou le formateur ? La réponse ne fait guère de doute : le destinataire privilégié est le formateur. C'est lui qui, issu du terrain et responsable de son évolution, est le mieux à même de recevoir un message scientifique pour qu'il soit transformé en proposition pédagogique.

L'interlocuteur privilégié du chercheur paraît donc être le formateur plutôt que l'enseignant, parce que tel est l'état de la division technique du travail dans une société développée. Et s'il en est ainsi c'est pour des raisons de spécificité professionnelle mais aussi pour des raisons d'économie. Demander, par exemple, à un chercheur de venir animer un stage de formation de maîtres est une erreur : les maîtres n'y trouveront pas leur compte et pas davantage le chercheur. À ce dialogue il manque un médiateur : le formateur.

S'il appartient donc au chercheur de chercher et de transmettre le résultat de ces recherches au formateur, inversement, il revient au formateur de veiller à demeurer dans son domaine de compétence. De même que le chercheur est un piètre animateur de stage, le formateur qui se veut théoricien de la langue, de l'acte de lire ou de l'entrée dans l'écrit, fait courir à la vérité scientifique de sérieux risques de dérapages. Il n'est interdit à personne de formuler des hypothèses sur la langue, sur la lecture ou sur son acquisition, mais pour qu'une hypothèse devienne matière à formation, il faut s'assurer qu'elle soit compatible avec la réalité et la vérification de cette compatibilité est un métier... qui s'appelle la recherche.

Ce qui est souhaitable alors est que les chercheurs aient la possibilité organique, institutionnelle, de faire connaître leurs travaux non seulement à leurs pairs mais aussi aux formateurs (de préférence aux enseignants), et que les formateurs s'attachent à en tirer des idées de travail pédagogique en direction des enseignants.

Après ce bref parcours de la voie descendante, il est possible d'en venir à **la voie ascendante**. Une autre voie de recherche existe, en effet, qui procède non plus à partir de la dynamique propre à la recherche, mais à partir de la demande sociale. Les chercheurs, on ne le sait pas assez parmi les formateurs, sont prêts à répondre à la demande sociale, à s'engager dans des directions de recherche suggérées par le terrain scolaire, à partir des problèmes rencontrés dans la pratique des classes. En d'autres termes, et c'est pourquoi on peut parler de processus ascendant, la recherche s'effectue également suivant une demande issue de l'enseignement et, à coup sûr, de plus en plus de recherches devraient s'effectuer suivant cette voie.

Ainsi, dans le processus ascendant, le cheminement est-il à l'inverse de celui présenté tout à l'heure. Le point de départ n'est plus maintenant une problématique théorique de recherche mais un problème rencontré par l'enseignant ; ce problème est, dans un second temps, perçu ou transmis par le formateur ; il arrive au chercheur dans un troisième temps.

On remarque que, à nouveau, le formateur se trouve à la charnière du système, entre l'enseignant et le chercheur. Sa tâche, suivant cette voie, n'est pas plus facile, peut être est-elle même plus difficile que celle qui lui revient en suivant la voie descendante. Elle est pourtant d'une importance capitale puisque c'est au formateur que revient maintenant le soin d'orienter la recherche.

En bref, dans le système présenté ici, le formateur est l'élément-clé. Il lui appartient à la fois de transformer l'information scientifique en activités pédagogiques et de faire remonter vers la recherche les questions venues du terrain pour susciter des réponses de plus en plus appropriées à ces questions.

Il est clair toutefois qu'il ne saurait être un agent de liaison entre les deux univers jusqu'ici disjoints de la pédagogie et de la recherche qui se sont instituées, pour assurer la relation entre la formation et la recherche, des structures de travail aussi permanentes que celles qui existent à ce jour entre la formation et l'enseignement.

TABLE DES MATIÈRES